문재인의 **위로**

| 일러두기 |

이 책은《문재인이 드립니다》(2012년)의 개정판입니다. 대선 출마를 선언한 후보자로서 건넸던 단상들을, 다시 시민으로 돌아가는 전직 대통령의 입장에서 재배치하였고, 일부 글을 추가하였습니다. 추가한 글은 '제주의 봄 / 78년 만의 귀향 / 오월 / 역사에 지름길은 있어도 생략은 없다 / 과거와 현재와 미래 / 아무도 흔들 수 없는 나라 / 평화의 십자가'입니다.

문재인의 **위로**

더휴먼

끝이 아니라 시작입니다.
더 자주 대화하고, 더 깊이 소통하겠습니다.

차례

두 번째 ——— 정말 행복한 꿈

세 번째 —— 사람이 먼저다

네 번째 —— **길에서 벗어나도 괜찮다**

다섯 번째 ── 깨어 있는 시민

여섯 번째 —— 우리가 만들어야 할 세상

새봄의
문 앞에서

눈앞의 문이 꽉 닫혀 도저히 열 수 없을 때가 있습니다.

실망하지 마십시오. 닫힌 문에서 한 걸음 물러나서

뒤를 돌아보거나 옆을 바라보십시오. 또 다른 문이 열려 있을 것입니다.

우리 호주머니 속엔 인생을 열어 갈 열쇠가 생각보다 많습니다.

• • • • • •

하나의 문이 닫히면 하나의 문이 열린다

문을 열다.

간담회에 사용된 슬로건입니다. 제 성이 문 씨라서 캠프에서 이런 슬로 건을 만들었습니다. 인간 문재인을 파헤쳐 본다는 뜻일 것입니다. 새로 운 장(章)을 연다는 긍정적인 의미도 있어 제 마음에도 들었습니다. 그 런데 문에 관련된 또 하나의 메시지를 드린다면 이런 말을 소개하고 싶 습니다.

하나의 문이 닫히면 하나의 문이 열린다.

인생은 수많은 문을 통과하는 과정입니다. 죽음에 이르기까지 늘 어디 론가 움직여야 하고, 그때마다 새로운 문을 열고 들어가야 합니다. 그 런데 가끔 눈앞의 문이 꽉 닫혀 도저히 열 수 없을 때가 있습니다. 하지 만 실망하지 마십시오. 닫힌 문에서 한 걸음 물러나서 뒤를 돌아보거나 옆을 바라보십시오. 또 다른 문이 열려 있을 것입니다. 우리 호주머니 속엔 인생을 열어 갈 열쇠가 생각보다 많습니다.

바둑을 복기하듯, 시간을 복기해 봅니다

복기는 바둑 용어입니다. 바둑 한 판을 두고 난 후, 어떤 수가 좋은 수였는지, 어떤 수에 문제가 있었는지, 바둑돌을 처음부터 다시 그대로 놓아 보는 걸 말합니다. 같은 잘못을 되풀이하지 않기 위해서라도 바둑한 판이 끝나면 복기를 꼭 하라고 고수들은 권합니다. 실제로 대국보다이 복기에서 실력이 많이 는다고 합니다. 즉, 복기는 가장 효과적인 바둑공부인 셈입니다.

인생은 어떨까요? 우리는 인생의 중요한 시점에서, 승리든 패배든 한판의 승부가 끝날 때마다 복기를 하고 있나요? 이때 내게 부족한 점이무엇이었을까? 바로 이것이 내가 승리할 수 있었던 요인이었을까? 이런 질문을 스스로에게 던지며, 내가 놓은 한 수 한 수에서 교훈을 찾아내야 합니다. 즉, 복기는 인생에서도 가장 효과적인 공부인 것입니다.

바둑보다 인생이 중요하다면, 바둑보다 수백, 수천 배 인생이 중요하다면, 바둑보다 수백, 수천 배 열심히 복기를 해야 합니다.

차 한 잔 앞에 두고 중정(中正)을 생각합니다

아버지 49재를 치른 바로 다음 날, 전남 해남의 대흥사로 떠났습니다. 대흥사 내 대광명전이라는 고즈넉한 암자에서 참 열심히 고시 공부를 했습니다. 공부하다 지치면 대흥사를 둘러싼 두륜산을 올랐습니다. 때로는 주지스님이 주신 귀한 차를 마시며 생각을 정리하기도 했습니다.

초의선사는 차의 정신을 중정(中正)이라고 표현했습니다. 중은 알맞다, 적당하다는 뜻이고, 정은 바르다는 뜻입니다. 즉 중정이란 알맞게 바른 것을 말합니다. 이 시절 배운 다도는 이후 한결같은 제 친구 노릇을 해주었습니다. 머릿속이 복잡하고 심신이 지칠 때도 차 한 잔이면 어느덧 마음이 제자리를 찾는 듯 가벼워졌습니다. 지금 내가 중정의 길을 걷고 있는지 생각할 여유를 주었습니다.

흔히 인생은 자신과의 싸움이라고 합니다. 자신과의 싸움에서 스스로 균형을 잃고 무너지지 않도록 오늘도 차 한 잔 앞에 두고 중정을 생각합니다.

히말라야 걸음으로, 천천히 천천히

히말라야처럼 높은 곳을 등반할 때는 고소증세를 조심해야 합니다. 해발 3천 미터가 넘는 높은 지대에 오르면 두통, 구토, 설사 등 아주 고통스러운 이상 징후가 나타납니다. 그런데 이 고소증세는 유독 한국인들이 더 많이 겪는다고 합니다. 한국인 특유의 빨리빨리 정서 때문입니다. 산을 오를 때에도 그저 빨리 높이 오르기에 바쁜 한국 사람들. 몸에 무리가 오면 중도에 포기하고 내려와도 되는데, 이를 악물고 산행을 강행하면서 고생을 자초합니다.

고소증세를 최대한 피할 수 있는 방법은 히말라야 만보(漫步)입니다. 주변 경관을 감상하며 아주 느릿느릿 산을 오르는 것입니다. 내 몸이 주위 환경에 적응할 충분한 기회를 주는 것이지요. 산도 인생도 즐기듯 천천히 오르면 부작용이 나타나지 않습니다. 서둘러 높은 곳에 오르려 하지 말고, 지금 내 눈앞에 무엇이 펼쳐져 있는지 둘러보십시오. 지금 내 몸과 마음이 내 환경에 온전히 적응하고 있는지 살피십시오. 지쳤다면 잠시 걸음을 멈추고 쉬어갈 줄 알아야 더 높은 곳에 오를 수 있습니다.

멋있는 변화의 시작

인도 라다크와 네팔에서 트레킹을 할 때 많은 경험을 했습니다. 가장 재미있었던 경험은 수염을 기른 일이었습니다. 기르려고 기른 게 아니었습니다. 오랫동안 수염을 깎지 않았더니 구레나룻 수염이 저절로 얼굴을 덮었습니다. 거울 속의 저는 인도에서 흔히 만날 수 있는 수행자의 모습이었습니다. 저는 덥수룩한 털보가 된 제 모습을 보며 제가 꽤 멋있다고 생각했습니다. 수염이 멋있어서 그랬을까요? 아닙니다. 변화가 멋있었던 것입니다.

변화는 인생의 지루함을 달래주는 에너지입니다. 외모든 습관이든 생각이든 뭐든 변화가 있어야 조금씩 앞으로 나갈 수 있습니다. 내가 지금 선택할 수 있는 변화가 무엇인지 생각해 보십시오. 그리고 그 변화를 당장 시도해 보십시오. 내일 아침 내 코끝을 스치는 공기는 훨씬 더 상쾌할 것입니다.

오늘 포기하지 않으면 내일은 달라집니다

1980년 서울의 봄을 잊을 수 없습니다. 박정희 정권이 무너지고 그동안 제적을 당했던 수많은 학생들이 한꺼번에 복학했습니다. 저도 복학이 되어 5년 만에 학교로 돌아갈 수 있었습니다. 그때 저는 사법고시를 치르는 중이었습니다. 하지만 시국이 너무도 위태로워 뒤에 물러나 있을 수 없었습니다. 민주주의를 지키려는 커다란 물결에 합류했습니다. 한편으로는 고시 공부를 하고, 한편으로는 시위에 동참했습니다.

계엄령이 선포되었고 결국 저는 구속되었습니다. 사법고시를 치렀다는 사실조차 잊은 채 구치소에서 3주 남짓 지냈을 때 아내가 찾아왔습니다. 아내는 울면서 제가 사법고시에 합격했다고 했습니다. 제적과 강제 징집, 복학과 구속으로 이어지던 제 삶이 바닥까지 내려앉았다고 생각했을 때 아내는 제게 봄소식을 전해 준 것입니다.

누구도 내일을 알 수 없습니다. 희망이라는 말은 내일을 알 수 없기 때문에 생겨난 말인지도 모릅니다. 오늘 포기하지 않으면 내일은 달라집니다. 분명한 것은 열정과 노력을 배신하는 내일은 없다는 것입니다. 당신에게도 봄은 옵니다.

자책 대신 칭찬을 해 주십시오

자신을 달달 볶으며 자책하지 마십시오. 모든 것을 내 능력 탓이라 생각하지 마십시오. 지금 우리는 과거 그 어떤 세대보다 뛰어난 능력을 갖추고 있습니다. 그 전 세대들이 유교적 가치, 가부장적 문화에 갇혀 가질 수 없던 자유로운 사고와 상상력을 갖추고 있습니다. 누가 시키지 않아도 치열하게 인생을 고민하고 밤낮없이 노력하는 자세도 훌륭합니다.

그런데 한 가지 문제는 있습니다. 자기 자신을 덜 사랑한다는 것입니다. 스스로 자존감을 갖지 않고, 자기 자신에게 너무 가혹한 평가를 내린다는 것입니다. 내가 좀 모자라다는 생각이 들 때, 오히려 잘하고 있다고 스스로를 칭찬하십시오. 남의 시선이 부담스럽고 열등감이 느껴질수록 스스로에게 칭찬이라는 선물을 주십시오.

실패해 넘어지고 맨땅에 뒹굴어도 나를 사랑하기를 멈춰서는 안 됩니다. 온몸이 흙투성이가 되어도 내 자신을 깊이 사랑하면 언젠가는 길이 보입니다. 그때 흙을 툭툭 털고 일어나 걸어가면 됩니다. 인생에서 첫 번째 할 일은 나 자신을 사랑하는 것입니다.

최악의 실패

성공으로 얻는 것이 51이라면, 실패로 얻는 것은 49입니다.
우리는 결과가 아니라 과정에서 모든 것을 얻습니다.

아무것도 얻지 못하는 최악의 실패가 있다면,
그것은 실패가 두려워 시작하지도 않는 것뿐입니다.

시끄러운 세상을 사는 법

보이지도 들리지도 않는 분의 인생 이야기를 소개한 다큐멘터리 영화를 본 적이 있습니다. 처음에는 그분을 보며, 답답해서 어떻게 살까 염려되었습니다. 누구보다 밝게 웃는 그의 미소가 슬퍼 보이기도 했습니다. 그런데 영화 끝에 그분이 전하는 한마디를 듣고 오히려 제가 아무 말도 할 수 없었습니다.

신이 나를 못 듣는 사람으로 태어나게 한 것은 내면의 소리를 더 잘 들으라는 뜻이고, 신이 나를 못 보는 사람으로 태어나게 한 것은 온전히 나 자신만 바라보라는 뜻이다.

우리는 너무 많은 것을 보고 들으며 삽니다. 그것들 중 대부분은 꼭 보고 듣지 않아도 되는 것들입니다. 너무 많은 것을 보고 들어서 오히려 꼭 보고 들어야 할 것들을 놓치고 있는지도 모릅니다. 오늘 두 눈을 감고 두 귀를 막고 그분의 말씀을 되새겨 봅니다. 진정으로 보고 들어야 할 내 내면의 소리에 귀 기울여 봅니다.

원래부터 그런 건 없습니다

세상에서 사라졌으면 하는 말은 많습니다.
전쟁, 기아, 폭력, 홍수, 독재, 핵무기, 탐욕, 저주…….
하나를 더 보탠다면 저는 원래라는 말을 더하고 싶습니다.

원래 그런 거야.
성격이 원래 그래.
원래부터 못 살았어.

원래는 아무것도 시도하지 않겠다는 선언입니다.
포기이고 게으름이고 복지부동입니다.
세상엔 원래 어려운 일도, 원래 불가능한 일도 없습니다.

벽을 허무는 건

저것은 넘을 수 없는 벽이라고
고개를 떨구고 있을 때
담쟁이 잎 하나는
담쟁이 잎 수천 개를 이끌고
결국 그 벽을 넘는다.

도종환 시인의 시입니다. 대선 출마 선언을 할 때 이 시를 인용했습니다. 우리가 사는 이 세상엔 참 많은 벽들이 있습니다. 이념의 벽, 불신의 벽, 지역의 벽, 학력의 벽, 남녀의 벽, 불평등의 벽, 남북의 벽……. 모두가 허물어야 할 것들입니다.

그런데 이 벽들을 주저앉게 하는 것은 망치가 아닙니다. 포기하지 않고 굴복하지 않고 함께 손잡고 끝까지 기어오르면 벽을 넘을 수 있다는 신념입니다. 신념만 있다면 벽은 더 이상 벽이 아닙니다.

패배하지 않는 법

패배하는 것을 두려워하면 패배합니다.
눈앞의 성공에 연연하면
순간의 이익만 따라다니는 뜨내기가 되고 맙니다.

무슨 일이든 첫 마음을 지키십시오.
본래 가고자 했던 그 방향을 지키십시오.

지금 당장은 힘이 부족해 패배할지 모르지만
영원히 패배하는 일은 없을 것입니다.

패배를 두려워하지 않아야 패배하지 않습니다.

겨울을 보내는 방법

인생에도 사계절이 있습니다.
겨울을 보내야 봄이 옵니다.

겨울을 보내는 방법은 턱 괴고 앉아 막연히 봄을 기다리는 것이 아닙니다. 머릿속에 꽃을 그리고, 꽃밭을 그리고, 그 꽃밭을 사랑하는 사람과 함께 걷는 그림을 그리는 것입니다. 그래야 꽃향기에 취해, 사랑하는 사람의 향기에 취해 겨울을 견디고 겨울을 이길 수 있습니다. 꿈은 그림으로 그릴 수 있을 만큼 구체적이어야 합니다.

어려울수록 원칙으로 돌아가라

'어려울수록 원칙으로 돌아가라.'
문재인의 좌우명입니다. 사람들은 이를 '원칙'을 강조한 좌우명이라고
합니다. 과연 그럴까요? 저는 원칙 앞에 붙은 '어려울수록'을 더욱 강
조한 것입니다. 자유롭고 여유로울 때는 누구나 원칙을 지킬 수 있습니
다. 어려울 때 원칙을 지키는 일이 어렵습니다.

물론 이렇게 받아들이셔도 좋습니다. 어려울 때일수록 선택이 힘드니,
그럴수록 원칙대로 하면 선택이 쉬워진다. '어려울수록'과 '원칙', 모두
중요합니다.

길

담양 메타세쿼이아 길.

양산 통도사 소나무 숲길.

부산 범어사 등나무 숲길.

강화 나들길.

남산 둘레길.

월정사 전나무 숲길.

부안 내소사를 오르는 길.

수많은 아름다운 길 중 내가 가장 좋아하는 길은 집으로 돌아가는 길.

보잘것없는 내가 누군가에게 전부가 될 수 있음을 확인시켜 주는 따뜻한 길.

주말의 식탁

아무것도 하지 않아도 되는 주말 아침이 주어지면, 서재에서 선택한 메뉴들로 식탁을 차려 보십시오. 술술 잘 넘어가는 맛도 있고 삼키기 힘든 쓴 맛도 있겠지만, 가리지 않고 꼭꼭 씹어 내 것으로 만들어 보십시오.

꼭꼭 씹어 삼킨 그 모든 문장들은 한 줄 한 줄 내 몸과 마음에 흡수되어, 세상을 지혜롭게 살아가는 생각의 뼈대를 만들어 줄 것입니다. 실망과 좌절에 쉽게 넘어지지 않도록 마음의 근육을 키워 줄 것입니다. 그리고 내 인생이 비틀거리는 어느 날, 그것들은 나도 모르는 사이에 내 안에서 나를 지탱하는 힘이 되어 줄 것입니다.

원칙의 기준은 양심입니다

원칙의 기준은 무엇입니까?
어떤 기준으로 원칙을 지켰는지 판단하십니까?

양심입니다.
내 양심에게 부끄럽지 않다면,
원칙의 길을 걷고 있다는 뜻입니다.

내가 원칙을 지키며 살고 있는지 남에게 묻지 마십시오.

내 길을 걸으십시오

제가 유명 로펌의 스카우트 제의를 거절하고 부산으로 가겠다고 했을 때, 많은 사람들이 말렸습니다. 성공과 부가 보장되는 길을 마다하고 굳이 어려운 길을 택할 이유가 있느냐는 것이었습니다. 그러나 저는 흔들리지 않았습니다. 무슨 대단한 신념이 있어서가 아니었습니다. 그냥 그 길이 제 길이라는 느낌, 그 길을 가지 않으면 후회할 것 같은 강렬한 느낌이 저를 그렇게 만든 것입니다. 그렇게 저는 제 삶을 선택했고, 이제껏 그 선택에 대해 단 한 번도 후회한 적이 없습니다.

사람들은 자신의 결정을 남의 의견에 맡기는 경우가 많습니다. 남들의 시선이 두렵거나 내 선택에 대해 확신이 부족하기 때문입니다. 하지만 남이 정해준 길을 등 떠밀려 가는 삶이 행복할까요? 내 의지를 놓아 버리고 가는 길이 즐거울까요? 내 길을 걸으십시오. 처음에는 과연 이 길이 맞는 길인지 불안할지 모릅니다. 하지만 내가 선택한 길, 내가 선택한 삶이라는 사실만으로도 걸음에 조금씩 힘이 붙을 것입니다.

입 대신 귀를 여니 길이 보였습니다

저는 말을 잘한다는 얘기를 들어보지 못했습니다. 초등학교 시절 수업 시간에 선생님이 질문을 하면 단 한 번도 손을 들고 대답해 본 적이 없습니다. 지금도 많은 사람들 앞에 서면 긴장해서 심호흡을 크게 하곤 합니다. 그런 제가 평생을 변호사로 살았습니다. 말 못하는 사람이 하루아침에 달변가가 될 리 없는데, 30년 가까이 말로 남을 변호하는 일을 했으니 제가 생각해도 신기한 노릇입니다.

저는 말을 잘하는 변호사는 아니었습니다. 열정적으로 웅변하고 제 주장을 펼치는 재주는 제게 없습니다. 그 대신 저는 남이 하는 말을 열심히 듣는 일은 잘했습니다. 말을 찾는 것보다 사람을 이해하는 것이 먼저라 생각했습니다. 입 대신 귀를 여니 길이 보였습니다. 굳이 많은 말로 변호하지 않아도, 화려한 말솜씨로 좌중을 사로잡지 않아도 진심을 전할 수 있었습니다.

힘든 사람에게 진정 필요한 것은 조언과 격려가 아니라, 그의 말을 들어줄 사람입니다. 남의 얘기를 진심으로 들어주는 것만으로도 생각보다 많은 일들이 풀릴 것입니다.

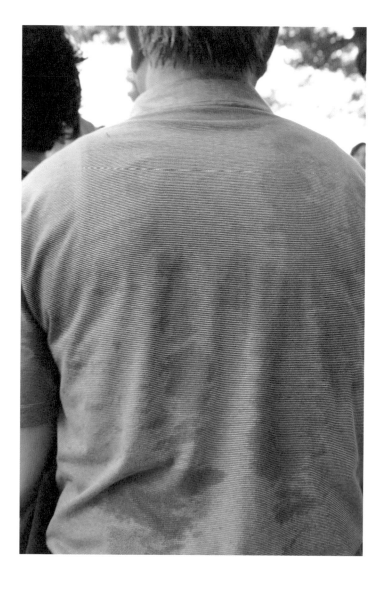

돈은 중요하지만 제일 중요한 것은 아닙니다

돈에 대한 제 가치관은 비교적 분명합니다.

돈이 중요하지만 제일 중요한 것은 아니라는 것입니다.

이런 가치관은 어릴 적 가난이 제게 준 선물입니다.

저는 돈에 대해 고민하는 사람이 있다면 이렇게 말씀드리고 싶습니다.

돈 버는 데 5시간을 쓴다면, 사람 버는 데 10시간을 쓰라고.

지갑에 돈 많은 부자보다, 주위에 사람이 많은 사람부자가 되라고.

불행 끝에 붙어 있는 것

사법연수원을 수료하면서 판사를 지망했습니다. 사법고시 합격자 수도 많지 않아서, 희망자 전원이 판사나 검사로 임용되던 때였습니다. 그런데 저는 대학 시절 유신 반대 시위 전력 때문에 판사임용이 되지 않았습니다. 연수원 성적이 차석이었고, 수료식에서 법무부장관상까지 받은 제게는 예상치 못한 난관이었습니다. 변호사로 진로를 바꾸었습니다. 아쉽긴 했지만 제 앞에 놓인 불행을 받아들였습니다.

그런데 이 불행의 끝이 무엇이었는지 아십니까? 바로 노무현이라는 소중한 사람을 얻은 것이었습니다. 만약 판사가 되었다면 그를 만나지 못했을 것입니다. 100퍼센트 불행이란 없을지도 모릅니다. 불행의 끝자락을 잘 살펴보면 거기에 행운의 매듭이 보일지도 모릅니다. 자, 가슴을 펴고 내 앞에 놓인 운명을 당당하게 받아들이십시오.

상처를 치유하는 법

살다 보면 참으로 많은 상처를 만나게 됩니다. 말 한마디로 쉽게 마음에 생채기가 나기도 하고, 아무리 노력해도 달라질 수 없는 현실에 의지가 꺾이기도 합니다.

이런 상처들은 나도 모르는 사이에 내 마음에 커다란 딱지로 남습니다. 그럴 때는 딱지를 억지로 떼어내려 애쓰기보다 잘 아물기를 기다리는 시간이 필요합니다. 어느 순간 저절로 떨어진 딱지 위에 새살이 올라와 있을 테니까요.

때로는 조용히 기다리는 것이 가장 지혜로운 처방일 수도 있습니다.

침묵하는 이유

말로 상처를 주는 시대, 말이 독이 되는 시대에 침묵은 지혜로운 약입니다. 천천히 말하고 적게 말하는 연습은 실수를 줄이는 좋은 방법입니다. 그러나 모든 침묵이 다 좋은 건 아닙니다. 말할 때는 말해야 합니다.

특히 '이 일이 옳은 일인가?'라는 질문에 침묵으로 대답한다면, 그것은 생각이 없거나 옳은 일을 외면하는 것입니다. 옳다고 생각하는 일에는 침묵하지 마십시오. 진짜 말해야 할 때 크고 분명하게 말하라고, 우리는 평소에 말을 아끼는 연습을 하는 것입니다.

체력이 무너질 때 마음도 함께 무너집니다

운동을 좋아했습니다. 대학 시절엔 학년 대항 야구시합에서 주장을 맡아 팀의 우승을 이끌기도 했습니다. 변호사로 일할 때는 등산이 좋았습니다. 우울할 때, 공부나 일로 스트레스를 받을 때, 생각이 복잡해 정리가 잘 안 될 때마다 몸을 움직이면 기분이 한결 나아지곤 했습니다. 땀을 흘리고 나면 신기하게도 의욕이 다시 솟았습니다.

마음이 힘들 때 저를 지켜준 것은 몸이었습니다. 체력이었습니다. 체력이 뒷받침되었기에 마음이 무너질 때 몸이 같이 무너지지 않았습니다. 그래서 어렵지 않게 일상으로 복귀할 수 있었습니다.

최근 몇 년은 운동 대신 마당일에 몰두했습니다. 풀을 뽑고 나무를 심고 흙을 다듬으며 실컷 땀을 흘립니다. 고민하고 사색하는 시간도 가져야 하지만, 아무 생각 하지 않고 몸을 움직이는 시간도 충분히 가지는 게 좋습니다. 운동을 하십시오. 땀을 흘리십시오. 마음만 챙기지 마시고, 몸도 적극적으로 사랑해 주십시오.

끝은 시작입니다

노무현재단 이사장직을 내려놓을 때 누군가 말했습니다.
고생하셨다고. 이제 다 끝났다고.

저는 웃으며 대답했습니다.
끝은 시작이라고.

막차가 끊어진다 해도 다음날 아침 첫차가 옵니다.
가게 문을 닫는다 해도 날이 밝으면 다시 문을 엽니다.

끝은 시작입니다.
새로운 시작을 준비하는 시간입니다.
모두가 끝났다고 생각할 때, 그때 가장 먼저 시작하십시오.

두 번째

정말
행복한 꿈

작은 힘들이 하나둘 모여

우리가 살고 있는 세상을 조금씩 바꾸어 가고 있습니다.

세상은 결코 바뀌지 않는다고 체념해서는 안 됩니다.

도저히 불가능해 보이는 일도 함께라면 달라집니다.

· · · · · ·

모두가 함께 꾸는 꿈

어릴 적 제 꿈은 역사학자였습니다. 여행을 좋아해 세상 곳곳을 누비며 살고 싶다는 생각도 했습니다. 하지만 지금의 저는 어릴 때 꿈꾸던 모습과 전혀 다릅니다. 그러나 불행하다고 생각하지는 않습니다. 나를 위한 꿈보다 누군가를 위한 꿈, 우리 모두를 위한 꿈이 훨씬 행복하다는 걸 알았기 때문입니다.

인권 변호사의 길을 걸은 것도 돈을 많이 벌 수 있어서가 아니라 남을 도울 수 있어서였습니다. 누군가 제 손을 잡으며 고맙다고 눈물 흘리면 참 뿌듯했습니다. 힘이 들어도 힘이 났습니다. 남을 돕는 게 아니라 나를 돕는 것이었습니다.

지금 어떤 꿈을 꾸고 계십니까? 누군가의 간절한 소망과 함께하는 꿈, 모두가 함께 꿀 수 있는 꿈, 정말 행복한 꿈은 이런 것이 아닐까 생각해 봅니다.

제 마지막 꿈은 어머니와 함께 함경남도 흥남에 가 보는 것입니다. 어머니 생전에 고향 땅을 밟게 해드리는 그 꿈을 아직 이루지 못했습니다. 언제가 될지 모를 그날을 기다립니다. 그날, 어머니보다 제가 더 행복할 것입니다.

시선 고정

지금 어디를 보고 있습니까.
지금 누구를 보고 있습니까.

당신이 보고 있는 어디가 이제 곧 앉을 당신의 자리입니다.
당신이 보고 있는 누구가 이제 곧 만날 당신의 모습입니다.

당신의 운명은 당신의 시선 쪽으로 움직입니다.
힐끔거리지도 눈 깜빡거리지도 말고 꿈에 시선을 고정하십시오.

내 꿈을 찾는 법

유명한 영국 기업가는 100개의 꿈을 써 놓고 하나씩 지워간다고 합니다. 꿈을 쓰고 눈으로 확인하면서 실천해 가는 것과 막연하게 머릿속으로만 생각하는 것은 자세부터 달라진다는 것입니다.

잘 깎은 연필을 손에 쥐고 깨끗한 종이를 펼치십시오. 내가 이루고 싶은 꿈을 하나하나 빠뜨리지 말고 다 쓰십시오. 그리고 그 종이 곁에 늘 지우개를 놓아두십시오. 이건 정말 아니라는 판단이 드는 것만 그때그때 지우십시오. 맨 마지막에 살아남는 꿈이 당신의 꿈일 확률이 큽니다. 너무 서둘러 내 꿈은 이거다, 라고 결론지을 필요는 없습니다.

현실과 동떨어져 있다고 느낄 때

거제도 피난살이 중에 태어난 저는 어린 시절부터 가난에 시달렸습니다. 연탄 배달은 물론이고 각종 허드렛일을 도우며 자랐습니다. 제게 가난은 당연한 운명 같은 거라 생각했습니다. 그래도 자식들 교육은 제대로 시켜야 한다고 생각하신 부모님 덕분에 명문 경남중학교에 입학할 수 있었습니다.

그런데 입학하고부터 제 처지를 비관하는 마음이 생겼습니다. 으리으리한 집에 사는 친구, 용돈을 많이 받는 친구, 집안도 좋고 공부도 잘하는 친구가 부러웠습니다. 그런 친구들을 보며 '왜 나만 행복하지 않을까, 왜 나만 현실과 동떨어져 있을까' 하고 생각했습니다. 그때 유일하게 행복했던 시간은 미친 듯 책을 읽으며 나만의 꿈을 상상하는 시간이었습니다.

지금 생각해 보면 오히려 어려운 현실이 오늘의 저를 만든 것 같습니다. 현실이 지독하지 않았다면 과연 제가 세상을 바꾸고 싶다는 꿈을 꾸었을까요? 현실에 만족하며 남들과 똑같은 일상을 살아가지 않았을까요? 나만 다른 세상에 사는 것 같다고 좌절하지 마십시오. 현실에서 멀어졌다고 느낄 때, 그때가 한층 더 꿈에 가까워질 기회입니다.

인생이 피곤한 이유

꾸미면 반응이 옵니다.
조금만 꾸며도 사람들은 박수를 치고 소리를 지릅니다.
효과가 있습니다.

하지만 조금 피곤합니다.
그 사람들 앞에 다시 설 때 또 꾸며야 합니다.
평생 만나야 하는 사람이라면 평생 꾸며야 합니다.
그건 평생 나 아닌 다른 사람으로 살아야 한다는 뜻입니다.

내 자리를 만드는 법

우여곡절 끝에 노무현 후보가 대통령에 당선되었습니다. 노무현 당선자가 참석한 가운데 부산 선대위와 마지막 기념 촬영을 했습니다. 이때 웃지 못할 자리 쟁탈전이 벌어졌습니다. 서로 노무현 당선자의 옆자리에 서려고 신경전을 펼친 것입니다. 처음에는 제가 그의 옆자리에 서 있었지만, 그 사이를 누군가 헤집고 들어오고 또 그 사이로 사이로 사람들이 밀려들었습니다.

한바탕의 자리 쟁탈전이 있고 난 후, 정작 플래시가 터지는 순간 저는 아예 한쪽 구석으로 밀려나 있었습니다. 하지만 자꾸 기분 좋은 미소가 지어졌습니다. 자리가 어디든 좋은 날 그 자리에 함께한다는 것만으로도 충분히 행복했기 때문입니다.

스스로에게 자신이 없는 사람일수록 큰사람의 옆자리를 욕심냅니다. 자리로 자신을 과시하려 듭니다. 하지만 큰 나무 곁엔 또 다른 큰 나무가 우뚝 설 수 없습니다. 스스로 내 자리를 만드십시오. 누군가의 옆자리에 서려 하지 말고, 누군가를 내 옆자리에 서고 싶게 만드십시오.

고마움을 저축하십시오

살다보면 예기치 않은 순간에 예기치 않은 사람으로부터 예기치 않은 도움을 받는 경우가 있습니다. 그런데 고맙다는 말 말고는 고마움을 달리 표현할 방법이 없을 때, 그럴 땐 고마운 마음을 일단 가슴 속에 저축해 두십시오.

시간이 지날수록 고마움에는 이자가 붙을 것입니다. 이자까지 차곡차곡 쌓아 두십시오. 그렇게 지내다 보면 예기치 않은 순간에 당신의 도움이 절실하게 필요한 사람을 만날 것입니다. 그때 꺼내십시오. 가슴 속에 저축해 둔 고마움을 꺼내 그 사람의 손에 쥐어 주십시오. 그것이 고마움을 갚는 길입니다.

세상은 이렇게 내가 받은 호의를 또 다른 누군가에게 베풀면서 돌아간다고 생각합니다. 그러니 친절을 베풀고 당장 대가를 바라지 마십시오. 그 사람도 또 다른 누군가에게, 내게 받은 이상의 친절을 베풀 것입니다.

따뜻한 성공

모든 성공은 박수 받아야 합니다.
땀 흘리지 않고 그냥 주어지는 성공은 없으니까요.
그런데 조금 더 큰 박수를 쳐주고 싶은 성공이 하나 있습니다.
내 성공이 남에게도 도움이 되는 성공입니다.
나 혼자 행복한 성공이 아니라 모두가 행복한 성공입니다.
따뜻한 성공입니다.

돈을 버는 이유

어머니의 된장찌개,

아버지의 기분 좋은 휘파람 소리,

열심히 일한 뒤 흐르는 땀,

출산 후에 흘리는 엄마의 눈물,

꿀맛 같은 낮잠,

나를 가장 믿어 주는 친구.

이것들의 공통점은 무엇일까요? 돈으로 살 수 없다는 것입니다. 돈이면 못할 게 없다는 세상이지만, 여전히 돈으로 살 수 없는 것들이 더 많습니다. 우리가 돈을 버는 이유는, 돈으로 살 수 없는 이런 소중한 것들을 지키기 위해서 아닐까요?

버릴수록 얻게 되는 것들

거처를 옮기면서 서랍을 정리했습니다.
필요 없는 물건이 참 많았습니다.
그런데 오래전 서랍에 넣어 두고 한 번도 꺼내지 않았던 것들도
막상 버리려니 왠지 아쉬웠습니다.

이 물건은 언젠가는 쓸 것 같은데.
이건 누군가 필요한 사람이 있을 것 같은데.

그렇게 한참을 망설이다 문득 이것도 욕심이라는 생각이 들었습니다.
내게 필요 없는 것이 분명한데도 붙잡고 있으려는 욕심.
우리가 부둥켜안고 있는 모든 것들은
생김새와 이름, 용도는 다 다르지만 결국 욕심들입니다.
그래서 버리기 시작했습니다.
하나를 버리니 홀가분해지고,
둘을 버리니 편안해지고,
셋을 버리니 여유로워졌습니다.

행복의 조건

행복은 자신의 인생에 감사하는 것이고
불행은 남의 인생을 흉내 내는 것이다.

가끔은 이 단순한 진리를 잊고 살 때가 있습니다.

욕심부려야 할 것

내 이름으로 된 땅 한 평 없어도 부자가 될 수 있습니다. 고개만 들면 저 파란 하늘이 모두 내 것이니까요. 언제든 틈 날 때마다 내 마음대로 바라볼 수 있으니 내가 주인이지요. 땅을 욕심내는 사람은 많아도 하늘을 욕심내는 사람은 없습니다. 그러니 하늘은 고스란히 내 것이 됩니다.

작은 욕심에 인생을 바치지 마시고,
하늘 같은 꿈을 키우십시오.

이번엔 내가 술래구나

손해 보는 것을 좋아하는 사람은 없습니다. 손해를 보는 순간엔 억울한 생각도 들고 아까운 생각도 듭니다. 하지만 긴 시간 살다 보면 나도 모르게 내가 누군가에게 손해를 입히는 때도 있다는 것을 알게 됩니다. 우리 모두는 때로는 손해를 보고, 때로는 누군가에게 손해를 입히기도 합니다. 그것이 인생입니다.

그러니 손해를 입을 땐 너무 상심하지 말고 이렇게 생각해 보십시오. 아, 이번엔 내가 술래구나! 그리고 때를 기다리십시오. 늘 술래만 하란 법은 없으니까요.

항구적 소수파

저는 젊었을 때 '항구적 소수파'라는 말을 좋아했습니다. 독립운동을 하셨던 심산 김창숙 선생이 하신 말씀입니다. 젊은 치기에 이 말이 그렇게 멋있어 보일 수 없었습니다. 다수를 좇지 않고 내 신념대로 길을 가는 모습이야말로 진정한 지식인의 자세라 여겼습니다.

물론 지금은 생각이 많이 바뀌었지만, 여전히 이 항구적 소수파라는 말은 매력적이라고 생각합니다. 이 한마디를 가슴에 간직하고 있다가 부와 명예, 권력 같은 것들이 유혹할 때 사용하면 좋을 것입니다.

당신의 신념은 무엇입니까? 당신의 신념을 그대로 표현해 주는 한마디를 찾으시고, 이를 늘 호주머니 속에 지니고 다니십시오.

함께

저는 제 이름 앞에 붙은 인권 변호사라는 말이 부담스럽습니다. 변호사법에도 변호사의 사명 맨 처음이 인권 옹호입니다. 그러니 인권 변호사가 따로 있지 않습니다. 모든 변호사가 인권 변호사입니다.

하지만 어두웠던 독재시절에는 인권 변호사가 아주 적었습니다. 서울이 아닌 지방에서는 겨우 한두 사람이 인권 변호사라는 이름을 들고 외롭게 활동하고 있었습니다. 하지만 뜻을 함께하는 사람들이 하나둘 모이기 시작했습니다. 민주사회를 위한 변호사 모임이 서울, 부산, 경남에 생겨났고, 이어서 다른 지방에도 지부들이 생겼습니다. 함께 힘을 모으고 역할을 나누어 공동으로 대응하니, 풀리지 않던 우리 사회의 숙제들이 조금씩 해결의 실마리가 보였습니다. 바꿀 수 있다는 희망이 보였습니다.

여전히 민변은 소수파입니다. 하지만 그 작은 힘이 모여 우리가 살고 있는 세상을 조금씩 바꾸어 가고 있습니다. 세상은 결코 바뀌지 않는다고 체념해서는 안 됩니다. 도저히 불가능해 보이는 일도 함께라면 달라집니다.

직업을 대하는 태도

저는 30년 동안 변호사로 살아왔습니다. 흔히들 변호사라고 하면 '사' 자 직업이니 돈을 많이 벌 거라 생각하지만 실상은 그렇지 않습니다. 오히려 돈과 일정한 거리를 둘 줄 알아야 진짜 변호사가 됩니다. 그러기 위해서는 늘 경계하고 늘 내 발자국을 돌아보며 살아야 합니다.

아무리 좋은 직업도 돈 버는 게 목표가 되면, 그 순간 보잘것없는 직업이 되고 맙니다. 그래서 내가 이 일을 왜 하고 있는지 잊지 않도록 나 자신에게 자꾸 이야기해 줘야 합니다. 내 입으로 말하고 내 귀로 듣고. 이 지루한 일을 지겨울 정도로 반복해야 합니다. 그래야 일의 가치와 내 소명의식이 엇박자가 나지 않습니다.

직업에 귀천은 없습니다. 하지만 그 직업에 임하는 마음가짐에 따라 직업의 격이 달라집니다. 사람의 격도 직업이 아니라 자신의 직업을 대하는 태도에 달려 있습니다.

시련에서 시작해 보십시오

어렸을 적 고민은 대부분 밥이었습니다. 어머니의 걱정도 늘 5남매에게 밥을 먹이는 것이었습니다. 학교에 도시락을 들고 갈 수 없었던 저는 강냉이 죽 급식을 받아먹었습니다. 급식을 나눠주는 그릇이 없었던 그때, 선생님은 도시락 싸온 아이들의 도시락 뚜껑을 빌려서 죽을 받아 먹게 했습니다. 어린 마음에도 자존심이 상하는 일이었습니다.

'사라'라는 무서운 태풍이 우리나라를 덮쳤습니다. 우리 집 지붕이 날아갔습니다. 천장이 뻥 뚫린 방에서 하늘을 바라보았던 서글픈 기억도 납니다. 어머니 손을 잡고 부산역에 암표장사를 하러 갔던 기억도 또렷합니다. 어머니는 돈을 벌어보고자 그 새벽에 어린 아들의 손을 잡고 나섰지만, 끝내 포기하고 돌아섰습니다. 아들이 곁에서 보고 있었기 때문이었을 것입니다. 집으로 돌아오는 어머니의 뒷모습, 그 작은 어깨는 지금도 잊히지 않습니다.

저를 키운 것은 8할이 가난입니다. 가난과 싸우며 독립심과 자립심을 키웠습니다. 가난이 고맙다고 할 수는 없지만, 가난이 없었다면 저는 지금과는 다른 모습일 것입니다. 시련을 시련으로 남겨 놓지 마십시오. 시련에서 시작해 보십시오.

당신은 '그 일'을 할 수 있습니다

'폭풍간지 문재인.'

얼마 전 인터넷에 회자가 된 제 사진에 붙은 쑥스러운 제목입니다. 사진엔 특전사 시절의 제 모습이 담겨 있습니다. 폭풍간지라는 최신식 수식어가 달린 이유는 제 외모 때문이 아니라, 정치인과 군대라는 두 단어 사이에서 오는 우리나라 사람 특유의 정서적 불일치 때문인 것 같습니다.

제대 후 한동안 다시 군대로 돌아가는 악몽에 시달릴 정도로 저 역시 군 생활은 힘들고 고통스러웠습니다. 그러나 다행히 저는 고통을 잘 참는 성격이었고, 군대에서 필요로 하는 소질들을 가지고 있는 편이었습니다. 군인의 시간을 살아내는 동안 몸도 마음도 단단해졌습니다. 최우수 표창도 받았습니다. 제가 이런 일을 해낼 수 있었다는 사실이 신기하기까지 했습니다.

그때 알았습니다. 사람이 느끼는 모든 두려움은 마음이 만들어낸다는 사실을. 막상 닥치면 해낼 수 있다는 것을. 특전사 경험은 저를 긍정적인 사람으로 만들어 주었습니다. 부딪치면 됩니다. 물에 빠지면 헤엄을 치게 되고, 사막에 홀로 남으면 물 없이도 버티게 됩니다. 지금 가장 힘들고 어렵고 두려운 일이 무엇입니까? 당신은 그 일을 할 수 있습니다.

결실을 이루는 가장 큰 힘

대학교 선후배로 처음 만난 아내와의 연애. 아내에게 연애는 기다림의 역사였습니다. 구속 수감, 군 입대, 고시 공부로 이어지는 7년의 시간을 아내는 기다리고 또 기다리며 사랑을 지켜갔습니다. 누군가는 이렇게 말할지도 모릅니다.

미련하다.
기다리며 허비한 청춘이 아깝다!

아내와 40여 년의 시간을 함께하면서 저는 배웠습니다. 인생에 있어서 가장 중요한 것이 성실이라는 사실을. 아내가 쉽게 마음을 바꾸는 사람이었다면 우리는 부부의 연을 맺지 못했을지 모릅니다. 때문에 아내를 늘 고맙게 생각합니다.

저는 변함없이 성실한 사람을 높이 평가하고 좋아합니다. 일과 인간 관계는 물론이고, 사랑에 있어서도 성실한 마음은 우리 삶을 지탱하는 축입니다. 아무리 노력해도 어제와 똑같은 오늘, 오늘과 똑같은 내일이 기다리고 있을 때 우리는 가장 먼저 성실을 포기하고 맙니다. 그리고 결국 아무것도 이루지 못합니다. 어떤 길을 가든 변함없이 성실한 것, 그것이야말로 결실을 이루는 가장 큰 무기임을 잊지 마십시오.

사람이
먼저다

모두에게 좋은 사람이 될 수는 없습니다.

한 사람의 마음을 얻는 것도 어려운데, 그게 가능하겠습니까?

누군가 당신을 미워하고 싫어해도 너무 많이 아파하지 마십시오.

당신은 이미 좋은 사람이기 때문입니다.

. . . . . .

그냥 좋은 사람

첫눈에 한 사람이 마음에 들어올 때가 있습니다.
그 사람의 말투, 손짓, 작은 행동 하나하나에 고개가 끄덕여집니다.
외모가 빼어난 것도 아닌데 잘생겨 보이고 미소가 지어집니다.
괜히, 아무 이유 없이 믿음이 갑니다.

그런 사람을 만났다면, 그는 당신과 같은 세계에 속한 사람입니다.
평생을 함께 걸어가도 좋을 사람입니다.

그냥 좋은 사람이 좋은 사람입니다.

진짜 우정

우정은 서로 자주 연락하고 자주 만나고 자주 다투기도 하면서 쌓이는 것입니다. 그러나 정반대의 모습을 띤 우정도 있습니다. 서로 멀리 떨어짐으로써 더 깊어지는 우정도 있습니다.

청와대에 근무하는 동안, 많은 친구들이 한 번도 제게 전화를 하지 않았습니다. 진짜 친한 친구일수록 그랬습니다. 친구에게 티끌만큼도 부담을 주지 않겠다는 독한 우정이었습니다.

어쩌면 그들이 있어 제가 원칙을 지키며 공직생활을 할 수 있었는지 모릅니다. 만나면서 깊어지는 게 우정이라지만, 만나지 않아도 흐려지지 않아야 진짜 우정입니다.

눈높이

초등학생과 얘기할 땐
키가 120센티미터로 줄어드는 사람이 좋습니다.

들꽃과 이야기하려고
강아지와 이야기하려고
가끔은 키를 바닥까지 낮추는 사람이 좋습니다.

못질

무심코 틀어 놓은 텔레비전.
능숙한 손으로 못질을 하는 달인이 나옵니다.
배움이 짧아 특별한 기술이 없어
그저 못을 박아 생선상자 만드는 일을 천직으로 알고 살아온 분.
그분은 이렇게 말했습니다.

배운 게 없어 평생 못질을 하고 살았지만
단 한 번도 사람의 가슴에 못질을 해 본 적이 없어.

당신은 어떤 친구입니까?

노무현의 친구 문재인이 아니라
문재인의 친구 노무현입니다.

노무현 대통령은 늘 이렇게 말했습니다. 겸손입니다. 저에 대한 배려입니다. 하지만 저는 그에게 이런 얘기를 들을 때마다 그가 한없이 커 보였습니다. 낮추려 하면 높아진다는 것을 배웠습니다. 사람을 알고 싶으면 그 친구를 보라는 말이 있습니다. 당신은 친구 곁에 서면 발뒤꿈치를 살짝 듭니까? 아니면 친구가 돋보이도록 무릎을 살짝 굽혀 줍니까?

가슴이 시키는 일

저는 그동안 정치와 거리를 둬 왔습니다. 그러나 암울한 시대가 저를 정치로 불러냈습니다. 물론 사람들이 끊임없이 정치를 권하기도 했지만 결국 결심은 제 스스로 했습니다. 사람들은 묻습니다. 이 일이 가장 잘할 수 있는 일인가요? 저는 대답합니다. 그건 잘 모르겠습니다. 하지만 제 가슴이 제게 시켰기에 저는 이 일을 합니다.

내가 원하는 삶을 사십시오. 가슴이 시키는 일을 하십시오. 가장 잘할 수 있는 일도 좋지만, 가장 행복할 것 같은 일에 도전하십시오. 행복한 삶을 욕심내다 보면 나도 모르는 사이에 성공과 만나고 있는 나를 발견할 것입니다.

가장 아름다운 인생

사랑의 종류는 참 많습니다.

남자와 여자의 사랑, 부모와 자식의 사랑, 친구들끼리의 사랑, 스승의 제자 사랑, 좋아하는 작가나 연예인에 대한 사랑, 나라 사랑, 야구 사랑, 영화 사랑, 자연과 생명에 대한 사랑…….

하지만 조금 깊게 들여다보면 이 모든 사랑에는 약간의 감정 차이가 있습니다. 그런데 왜 사랑이라는 말 하나로 이 모든 감정들을 설명하려 할까요?

사랑보다 더 좋은 말이 세상에 없기 때문일 것입니다. 사랑은 사람이 만든 가장 아름다운 말이기 때문일 것입니다. 가장 아름다운 말을 가장 많이 사용하는 인생이 가장 아름다운 인생 아닐까요?

행복한 사람

책에 굶주린 학생이 있었습니다. 활자화된 읽을거리가 보이면 그것이 무엇이든 닥치는 대로 먹어 치운 학생이 있었습니다. 양이 차지 않으면 신문이라도 주워 읽어야 배가 차는 학생이 있었습니다. 매일 학교 도서관 문이 닫힐 때까지 책 속에 파묻혀 있다가 의자 정리까지 해주고 집으로 돌아오는 학생이 있었습니다.

가난했던 어린 시절, 책은 어쩌면 제가 찾은 유일한 행복이었는지도 모릅니다. 지금 손에 책이 들려 있다는 사실만으로도 당신은 분명 행복한 사람입니다.

패자부활전

독립야구단 고양 원더스는 실패한 선수들이 모여 있는 구단입니다. 신인 드래프트에서 지명을 받지 못했거나 프로리그에서 방출된 선수들에게 다시 한 번 기회를 주는 구단입니다. 얼마 전 이 구단을 방문했습니다. 정말 오랜만에 배트도 휘둘러보고 글러브 끼고 공도 받아봤습니다. 그곳에서 이희성 선수를 만났습니다.

그는 넥센 히어로즈에 입단했었지만 1군에서 단 한 경기도 뛰지 못한 채 방출된 선수였습니다. 그가 이번에 LG 트윈스에 스카우트 되었다는 좋은 소식을 들었습니다. 한 번의 실패가 끝이 아니라는 것을 그가 증명해 준 것입니다.

우리 사회에는 패자부활전이 없습니다. 실패가 끝입니다. 스무 살에 대학 입시를 치르면 그것으로 삶이 결정되어 버립니다. 패자부활의 기회가 주어지고, 거기서 또 실패하더라도 또 다른 기회가 주어지는 세상. 제가 당신과 함께 꿈꾸고 싶은 세상입니다. 고양 원더스 같은 세상입니다. 누구나 9회 말 투아웃에 역전 만루 홈런을 칠 수 있는 세상입니다.

당신은 좋은 사람입니다

인간 관계에 어려움이 생기는 이유는 욕심 때문입니다. 내가 모든 사람에게 좋은 사람이 되고 싶은 욕심 때문입니다. 그러나 그건 쉬운 일이 아닙니다. 모든 사람의 마음을 다 얻을 수는 없습니다. 한 사람의 마음을 얻는 것도 어려운 일인데, 그게 가능하겠습니까?

당신이 누군가를 아무 이유 없이 싫어할 수 있듯, 사람들도 누군가를 이유 없이 싫어할 수 있습니다. 그 사람이 당신일 수도 있습니다. 누군가 당신을 미워하고 싫어한다 해도 너무 깊게 고민하거나 너무 많이 아파하지 마십시오. 세상 사람의 절반이 당신을 싫어한다 해도 안타까워하지 마십시오.

당신은 누군가에게는 즐거움을 주고, 누군가에게는 행복을 주고, 누군가에게는 믿음을 주는 사람입니다. 당신은 좋은 사람입니다.

큰 자랑

이미 눈치채셨겠지만 아쉽게도 제겐 유머 감각이 없습니다.

하지만 제게도 자랑이 하나 있습니다. 눈가에 주름이 많다는 것입니다. 많이 웃고 살았다는 증거입니다. 웃음도 하품처럼 전염됩니다. 내가 웃으면 상대도 웃게 됩니다. 저는 사람을 웃길 줄 모르는 대신 그들에게 웃음을 전염시키는 일을 했을지도 모릅니다. 그래서 오늘도 웃습니다. 눈가에 자글자글 주름이 생기도록.

충고하는 사람에게 드리는 충고

충고는 권하는 것입니다.
권하는 것으로 시작해서 권하는 것으로 끝나는 것입니다.
충고를 따르지 않는다고 불편해 하거나 화를 낸다면
그 순간 충고는 180도 뒤집혀 두 사람 모두에게 고충이 되고 맙니다.

애정을 담은 진지한 충고를 하십시오.
딱 거기까지만 하시고 그 다음은 그 사람에게 맡기십시오.

행복한 표정을 미루지 마십시오

대학만 가면 좋겠다!
취업만 하면 참 행복해질 텐데!
결혼만 하면 소원이 없겠어!

처음엔 대학만 들어가면 원이 없을 것 같은 사람도, 대학에 들어가면 취업 때문에, 취업에 성공하면 결혼 때문에, 결혼하면 집 때문에, 아이 교육 때문에 충분히 행복을 즐기지 못합니다. 늘 다음 행복을 기다리느라 오늘 찾아 온 행복에 기뻐하고 감사할 여유가 없습니다.

행복할 때 행복해 하십시오. 행복한 표정을 미루지 마십시오. 늘 다음 행복만 기다리는 사람은 평생 행복한 표정 한 번 짓지 못할지도 모릅니다. 내일보다는 오늘 행복해지십시오.

내 얼굴에 비친 아버지 모습

아버지는 늘 과묵하셨습니다. 가까이 다가가기 어려웠습니다. 깊은 이야기를 나누어 본 기억도 그리 많지 않습니다. 그래서일까요. 저는 아버지를 별로 닮지 않았다고 생각했습니다.

그런데 나이가 들어 거울을 보며 깜짝 놀랐습니다. 거울 속에 아버지의 모습이 보였기 때문입니다. 간혹 아버지의 말씀 속에 녹아 있던 사회의식, 비판의식이 내 안에도 녹아 있다는 걸 느낄 때도 있습니다. 이처럼 아버지는 알게 모르게 내 안에 많은 걸 남기고 가신 것입니다. 뿌리란 그런 건가 봅니다. 보이지 않는 곳에서 묵묵히 줄기를 올려 가지를 뻗게 하고 잎을 내게 하는 원천.

지금의 나는 내 아버지와 어머니라는 뿌리가 주신 선물입니다. 물론 선물이 마음에 들지 않을 수 있지만, 그렇다고 선물 주신 분들을 모른 척해서는 안 됩니다. 아무리 부인한다 해도 내 안에는 아버지와 어머니가 녹아 있으니까요. 훗날 당신이 뿌리가 되어 또 다른 싹을 틔웠을 때, 그 싹이 당신이라는 뿌리를 부인하면 얼마나 외롭겠습니까.

제주의 봄

"죽은 이는 부디 눈을 감고 산 자들은 서로 손을 잡으라."
2020년, 제주 하귀리 영모원에서 보았던 글귀가 선명합니다.
이처럼 강렬한 추모와 화해를 보지 못했습니다.
다하지 못한 과제들이 산 자들의 포용과 연대로 해결되리라 믿습니다.

4·3 수형인에 대한 첫 직권재심과 특별재심 재판이 열렸습니다.
검사는 피고인 전원 무죄를 요청했고,
판사는 4·3의 아픔에 공감하는 특별한 판결문을 낭독했습니다.
일흔세 분의 억울한 옥살이는 드디어 무죄가 되었고,
유족들은 법정에 박수로 화답했습니다.
상처가 아물고 제주의 봄이 피어나는 순간이었습니다.

5년 내내 제주 4·3과 함께 해왔던 것은 제게 큰 보람이었습니다.
언제나 제주의 봄을 잊지 않겠습니다.

열 권 분량의 〈홍범도〉 대하 서사시를 완결한 바 있는 이동순 시인은,
이제야 긴 여행을 끝내고 고국으로 돌아온 장군의 마음을
이렇게 표현했습니다.

나 홍범도, 고국 강토에 돌아왔네. 저 멀리 바람 찬 중앙아시아 빈 들에
잠든 지 78년 만일세. 내 고국 땅에 두 무릎 꿇고 구부려 흙냄새 맡아보
네. 가만히 입술도 대어보네, 고향 흙에 뜨거운 눈물 뚝뚝 떨어지네.

봉오동 전투와 청산리 전투 101주년,
장군이 이역만리에서 세상을 떠나신 지 78년,
참으로 긴 세월이 걸렸습니다.
홍범도 장군님, 잘 돌아오셨습니다.
부디 편히 쉬십시오.

오월

어김없이 오월이 왔습니다.
떠난 분들이 못내 그리운 오월이 왔습니다.
살아 있는 오월이 왔습니다.
슬픔이 용기로 피어나는 오월이 왔습니다.

광주의 자부심은 역사의 것이고 대한민국의 것이며
국민 모두의 것입니다.
광주로부터 뿌려진 민주주의의 씨앗을 함께 가꾸고 키워내는 일은
행복한 일이 될 것입니다.
우리의 오월이 해마다 빛나고
모든 국민에게 미래로 가는 힘이 되길 바랍니다.

가장 고마운 사람

누군가 물었습니다.
인생에서 가장 고마운 사람이 누구입니까?

저는 대답했습니다.
어머니와 아내입니다.

그가 다시 물었습니다.
한 사람만 꼽는다면 누구입니까?

저는 잠깐 생각한 후에 다시 대답했습니다.
어머니입니다.

아내에겐 내가 준 것도 있을 테지만,
어머니에겐 받기만 했으니까요.

외로움에 가장 좋은 약

시인 정호승은 외로우니까 사람이라고 했습니다.
살아간다는 것은 외로움을 견디는 일이라고 했습니다.
저 역시 사람은 본래 외로운 존재라는 생각을 많이 합니다.

그런데 외로움은 어떻게 치유해야 할까요?
아무래도 친구가 가장 좋은 약인 것 같습니다.

그렇다고 새 친구를 만들 필요는 없습니다.
지금 내가 알고 있는 친구들이 그 일을 해줄 것입니다.

시작은 이렇게 해 보십시오.
친구에게 내 외로움을 치유해 달라고 부탁하는 것이 아니라
내가 먼저 친구의 외로움을 치유해 주는 것입니다.
그 친구도 외로울 테니까요.

외로움을 나눌 친구가 있다는 것만으로도
인생은 앞으로 나갈 힘이 생깁니다.

외로움 덕분에

이 세상에 외로움이 없었다면
사랑이란 말이 태어날 수 있었을까요?

외로움이라는 상처 덕분에
우리는 사랑의 소중함을 더욱 절실하게
깨닫게 되는 게 아닐까요?

외롭다는 것은 더 뜨겁게 사랑할
준비가 되어 있는 상태라 생각해 버리십시오.

이 세상에 두려움이 없었다면
용기라는 말도 태어나지 않았을 것입니다.

누군가를 사랑하는 방식

처음 구속이 되었을 때, 여자 친구였던 아내가 면회를 왔습니다. 그녀는 잘 접은 신문 한 장을 품에 안고 있었습니다. 무슨 기사일까. 신문을 펼치자 제 모교인 경남고등학교가 전국 야구대회에서 승리했다는 소식이 실려 있었습니다. 저는 그냥 웃을 수밖에 없었습니다. 제가 야구를 좋아하긴 했지만, 구치소에 수감된 사람에게 야구 소식이라니. 저는 그녀의 황당한 배려 덕분에 웃을 일 없는 그곳에서 웃고 말았습니다.

특전사 시절, 그녀가 다시 면회를 왔습니다. 이번엔 그녀의 손에 안개꽃 한 다발이 들려 있었습니다. 배고프던 시절이라 군대 면회 땐 통닭이 최고였는데 그녀는 안개꽃을 들고 나타난 것입니다, 우리는 안개꽃 한 다발을 사이에 두고 웃음이 끊이지 않았습니다. 물론 특전사 동지들은 안개꽃을 한 묶음씩 나눠 들고 입맛을 쩝쩝 다시며 아쉬움을 떨치지 못했지만.

열 사람이 있으면 사랑하는 방식도 열 가지일 것입니다. 모두가 자신만의 방식으로 사랑하면 됩니다. 사랑하는 사람을 한 번이라도 더 웃게 만드는 배려. 이것이 그녀가 저를 사랑하는 방식이었는지도 모릅니다. 저는 그녀의 방식이 최고의 사랑이라 믿습니다. 지금도.

어머니의 손

저는 사람들과 악수할 일이 많습니다. 손을 잡아 보면 그 사람이 어떻게 살아왔는지 어렴풋이 짐작할 수 있습니다. 거칠고 투박한 손, 부드러운 손, 따뜻한 손, 상대의 손을 꽉 쥐지 못하고 움츠러드는 손……. 모두가 손바닥에 손금 키우듯 자신의 인생을 손에 새기고 있습니다. 손이 곧 인생인 셈입니다.

그런데 제가 잡아본 그 많은 손들 중 기억에 가장 뚜렷하게 남아 있는 손은 누구의 손일까요? 바로 어머니의 손입니다.

유신반대 시위를 주동해 구속된 후 구치소에서 검찰로 이송되는 날이었습니다. 저는 사방이 꽉 막힌 호송차 안에서 100원짜리 동전만 한 작은 구멍을 발견했습니다. 바깥 풍경이 궁금해 무심코 그 구멍에 눈을 갖다 댄 순간 손을 흔들며 차 뒤를 따라 달려오는 어머니의 모습이 눈에 들어왔습니다. 아들의 이름을 애타게 부르며 손을 흔드시던 어머니. 하지만 호송차는 금세 어머니에게서 멀어져 버렸습니다. 그 짧은 순간 제가 본 것은 어머니가 아니라 어머니의 손이었습니다. 모진 고생을 견딘 어머니가 그 가녀린 손을 흔들 때, 마음이 찢어졌습니다.

지금도 어머니를 생각하면 그 손이 먼저 떠오릅니다. 정치를 시작하고부터 하루에도 셀 수 없이 많은 사람들의 손을 잡지만, 정작 어머니의 손은 자주 잡지 못합니다. 어머니, 죄송합니다.

길에서 벗어나도
괜찮다

치열하게 싸우고 치열하게 깨졌습니다.

최선을 다해도 세상은 제 뜻대로 움직여 주지 않았습니다.

하지만 내 모든 것을 거는 자세, 이것이 저를 성장하게 했습니다.

살면서 한 번쯤은 '적당히'가 아니라 '충분히'에 도전해 보십시오.

· · · · · ·

역사에 지름길은 있어도 생략은 없다

당장은 어려움이 있을 것입니다.
그러나 도전에 굴복하면 역사는 또 다시 반복됩니다.
도전을 기회로 여기고 새로운 도약의 계기로 삼는다면
충분히 이겨낼 수 있습니다.

역사에 지름길은 있어도 생략은 없다는 말이 있습니다.
언젠가는 넘어야 할 산입니다.
지금 이 자리에서 멈춰 선다면, 영원히 산을 넘을 수 없습니다.

과거와 현재와 미래

누구나 실수나 실패를 할 수 있습니다.
문제는 그러한 실수나 실패를 성찰하고 반성하면서
더 나은 내일을 그려 나가느냐,
아니면 과거에 대한 성찰을 외면하고 미화하려고만 드느냐,
그 차이에 있습니다. 우리가 역사를 배우는 이유는
과거를 성찰하고 교훈을 얻지 못하면 미래가 뒤틀리기 때문입니다.

위축되는 이유

남의 시선을 자꾸 신경 쓰기 때문입니다.
실패 자체보다 내 실패를 남들이 어떻게 볼까에 더 예민하기 때문입니다.

실패하고 넘어져 상처를 입더라도 내가 나를 사랑하면 길이 보입니다.
스스로 위축되지 않는 것이 가장 큰 힘입니다.

스스로를 격려해 수십시오.

마흔한 살의 청춘

미국 수영선수 토레스가 한 말이 생각납니다. 마흔한 살의 나이, 역대 메달 리스트 중 가장 고령으로 올림픽에서 은메달을 딴 그녀. 그녀는 열여섯 살 선수와의 나이 차이를 어떻게 극복했느냐는 질문에 이렇게 대답했습니다.

수영장의 물은 선수의 나이를 모른다.

스무 살보다 더 빛나는 마흔한 살의 청춘도 있습니다.

때로는 지식보다 직관

대학생을 대상으로 강연을 한 적이 있습니다.
짓궂은 학생 하나가 물었습니다.

사랑과 우정은 어떻게 구분합니까?

여기저기서 킥킥대는 소리가 들렸습니다.
빙그레 웃으며 답했습니다.

그냥 아는 거지요.

살다 보면 지식과 논리로 찾은 답보다
근거는 없지만 마음이 가는 쪽이 옳을 때가 있습니다.
가끔은 머리 싸매고 깊이 생각하지 말고
그냥 직관에 맡겨 보는 건 어떨까요.

정답이 아닐지는 모르지만
누구도 생각하지 못한 멋진 답을 발견할 수 있습니다.

혼자이신가요?
외로우세요?
힘드십니까?

하지만 지금이 내 인생의 문제를
남의 도움 없이 해결하는
첫 번째 기회인지도 모릅니다.

혼자는 자립이며 독립입니다.
외로움도 기회입니다.

화가 날 땐 화를 내십시오

사람들을 만나다 보면 간혹 이런 질문을 받습니다.
"선생님 같은 분도 화를 내십니까?"
"화가 날 땐 어떻게 대처해야 하나요?"

이럴 때 제 대답은 아주 간단합니다.
"화를 내십시오."

저는 참을성이 많은 편이라 화를 잘 삭이지만, 어느 선을 넘으면 큰 소리로 화를 내고 속으로는 욕도 합니다. 화가 날 때는 역시 화를 내는 것이 가장 좋습니다. 사람들은 나쁜 인상을 줄까 봐 억지로 분노를 누릅니다. 또 참다 보면 화가 풀어지리라 믿습니다. 그러나 화가 날 때는 화를 밖으로 내보내는 것이 내 안의 화를 없애는 가장 좋은 방법입니다.

물론 별것도 아닌 일에 화를 내며 남에게 해를 입히는 것은 좋지 않습니다. 하지만 너무 참으려고만 하면 오히려 나를 해하는 꼴이 될 수 있습니다. 그러니 화가 날 때는 화를 내고, 기분 좋을 때는 크게 웃고, 슬플 때는 실컷 우십시오. 그렇게 솔직하게 감정 표현을 하는 것이 나를 건강하게 만듭니다.

산을 좋아하는 이유

저는 산을 좋아합니다. 국내의 웬만한 산은 다 올라 봤고, 두 달 동안 티베트 히말라야로 여행을 다녀온 적도 있습니다. 청와대 민정수석을 그만두고도 안나푸르나가 있는 네팔로 여행을 갔습니다. 힐링캠프에 출연했을 때도 제작진의 배려로 눈 덮인 산에서 촬영했습니다. 그래서 한결 마음 편하게 이야기를 나눌 수가 있었습니다.

제가 산을 좋아하는 이유는 산 안에서는 누구나 똑같기 때문입니다. 부자든 가난한 사람이든, 권력이 있는 사람이든 없는 사람이든, 어른이든 아이든 모두 억겁의 세월을 품은 산에 비하면 작고 나약한 존재일 뿐입니다. 그래서 산에 오르면 내 모든 것을 내려놓고 나를 바로 볼 수 있습니다. 내 장점과 단점, 한계와 가능성을 조용히 살피는 시간을 가질 수 있습니다.

산은 거울입니다.

여행 떠나기

인도 라다크와 네팔에서 한 달 넘게 트레킹을 한 적이 있습니다. 변호사가 된 지 15년 만에 가진 3개월간의 안식휴가 때였습니다. 제가 근무하던 법무법인 부산은 10년 근속 때 안식휴가를 주는데, 이를 미루고 미루다 5년이 더 지나서야 쓰게 된 것이지요.

지도 한 장 달랑 들고 떠난 여행이었습니다. 저를 도와줄 사람은 아무도 없었습니다. 당연히 일정과 행로가 순탄치 않았습니다. 하지만 예상치 않은 곳에서 예상치 않은 낯선 일을 겪는다는 것은 제겐 오히려 즐거움이었습니다. 일정과 행로가 삐거덕거릴수록 남들보다 더 많은 경험과 영감을 얻을 수 있었습니다.

책에서 이런 글을 읽은 적이 있습니다. '빈틈없는 계획이 섰다면 여행을 떠나지 마라. 여행은 틈을 만나러 가는 것이다.' 그렇습니다. 여행은 느슨해야 합니다. 지쳤다, 나아갈 힘이 없다, 인생이 무료하다 싶을 때는 무작정 길을 나서 보세요. 떠나서 무얼 하겠다는 거창한 계획은 집에 두고 가세요. 이왕이면 한 번도 가보지 않은 곳에서 한 번도 해보지 않은 낯선 경험을 한다면 더 좋을 것입니다.

박수를 치는 인생

사람들은 누구나 인정과 칭찬 속에서 박수 받는 인생을 살고 싶어 합니다. 그런데 친구의 성공에 1퍼센트의 사심이나 질투 없이 진심을 다해 박수를 쳐 줄 수 있는 사람이 있다면 그는 어떤 사람일까요?

다른 사람과의 비교에 조급해 하지 않으며, 자신이 세운 계획대로 여유 있고 넉넉하게 자신의 길을 가는 사람일 것입니다. 이런 멋진 자세로 살아간다면, 박수를 치는 인생도 꽤 근사한 인생일 것입니다.

권위에 대하여

권위 있어 보이려고 애쓰는 사람보다,
스스로 권위를 내려놓는 사람이 훨씬 권위 있어 보입니다.

넥타이 단상

한국 사회에서 넥타이는 권위의 상징입니다. 예를 갖추는 방법으로 넥타이를 강요하기도 합니다. 하지만 넥타이를 매는 것만이 예의를 갖추는 것일까요? 단정하고 깔끔한 옷차림이라면 넥타이를 매지 않아도 되지 않을까요?

물론 품위 없다고 비난할 수도 있겠지요. 그런데 넥타이 하나로 생겼다 없어졌다 하는 품위라면 과연 그게 진정한 품위일까요? 형식에 집착하다 보면 본질을 놓치기 쉽습니다. 결과에 집착하다 보면 과정을 무시하기 쉽습니다.

저는 당신이 넥타이를 매지 않아도 품위 있고 멋있는 사람이었으면 좋겠습니다. 형식보다는 내용을, 결과보다는 과정을 더 소중히 여기는 진짜 멋있는 사람이었으면 좋겠습니다.

쉼표를 찍는 인생

우리는 느리게 걷자, 걷자, 걷자.
그렇게 빨리 가다가는
죽을 만큼 뛰다가는
아, 사뿐히 지나가는 예쁜 고양이
한 마리도 못 보고 지나치겠네.

부산 선거 때 유세 나갔다가 어디선가 들었던 노래입니다. 가사가 재미나서 물어보니 요즘 인기 있다는 한 청년의 노래더군요. 젊은 날엔 속도에 집착하게 됩니다. 지금의 속도로 가다가 남에게 뒤처지는 건 아닌지, 더 빨리 가는 방법만 연구하게 되지요. 그러나 그렇게 한참을 달리다가 내가 '왜! 무엇 때문에! 어디로!' 가는지 알지 못한다면, 어느 날 갑자기 그 자리에 딱 멈춰 서 버릴지도 모릅니다. 중요한 것은 속도가 아니라 방향입니다. 중간중간 당신의 일상에 쉼표를 하나씩 찍고 달리십시오. 지나가는 고양이 표정이라도 한번 쳐다보고 가십시오.

진심은 모든 기교와 기법을 이깁니다

보이는 것이 전부가 아니라고 생각합니다. 남의 시선만 생각하는 젊은 이들을 보면 조금 안타깝습니다.

나를 어떻게 생각할까?
이렇게 하면 회사 사람들이 나를 더 인정해 줄까?

물론 이런 고민도 해야 하지만, 늘 여기에만 초점을 맞춰 에너지를 쏟아붓는 것에는 반대합니다. 보여주는 것보다 하는 것이 우선이어야 합니다.

진심이 아닌 것, 비어 있는 것에 잠시 속을 수는 있습니다. 하지만 오래 속지는 않습니다. 얼마나 잘 다듬었는가에 집착하지 마십시오. 얼마나 진심인가, 이것이 모든 기술과 기교와 기법을 이깁니다.

빛을 빚으로 바꾸는 법

우리 모두는 마음에 빚을 지고 살아갑니다. 가족에게 미안한 마음의 빚, 고마운 사람을 자주 찾아뵙지 못하는 마음의 빚, 그리고 조금 더 좋은 사람이 되지 못하는 자신에 대한 마음의 빚……. 빚은 짐입니다. 마음을 무겁게 하는 짐입니다. 어떤 이는 그 짐이 너무 무거워 자책하기도 하고 어떤 이는 짐을 조금이라도 덜어내려 애를 씁니다.

그런데 조금만 다르게 생각해 보십시오. 저는 마음의 빚이 오히려 살아가는 의욕이 될 수 있다고 생각합니다. 빚을 갚고자 애쓰는 마음이 나를 더 훌륭한 부모, 착한 자식, 믿음직한 친구로 만들어 줄 수도 있습니다. 자책하지 말고 마음의 빚을 묵묵히 갚아갈 때, 그 빚은 오히려 나를 더 빛나는 사람으로 만들어 줄 것입니다.

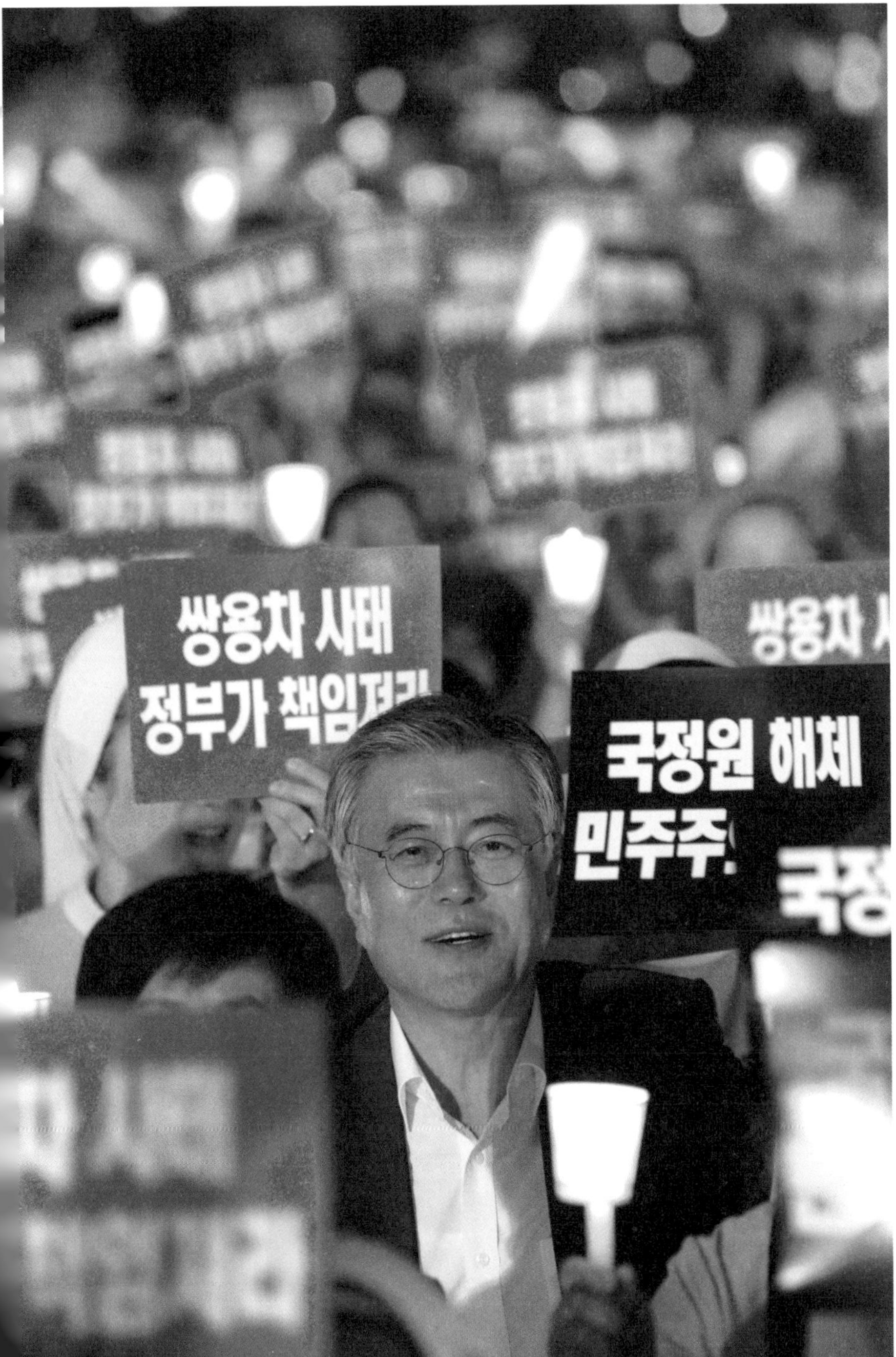
쌍용차 사태
정부가 책임져라
국정원 해체
민주주
쌍용차 사
국정

장점과 단점

누군가 이런 이야기를 했습니다.

장점이 지나치면 단점이 된다.

신중한 것이 장점인 사람도 지나치게 신중하면 답답하고,
밝은 성격도 넘치게 활달하면 가벼워 보일 수 있습니다.
소중한 장점이 아쉬운 단점이 되지 않았으면 좋겠습니다.

지나침과 못 미침

술은 참 멋진 음식입니다.
사람과 사람 사이에 놓인 경계심이나 서먹함을
몇 잔 부딪치는 것만으로 순식간에 지워 버리니까요.

그러나 지나치면 문제가 생깁니다.
예의나 기억력까지 몽땅 지워 버리니까요.

지나침은 못 미침만 못하다는 사실,
제가 술자리를 딱 1차로 끝내는 이유입니다.

적당히와 충분히

돌아보면 굴곡 많고 평탄치 않은 삶이었습니다.
저보다 훨씬 마음 뜨거운 노무현 변호사를 만나지 않았다면
저는 평범한 변호사로 적당히 안락하게 살았을지도 모릅니다.

적당히는 안 된다!
할 수 있는 최선을 다해야 한다!

이런 마음으로 치열하게 싸우고 치열하게 깨졌습니다.
할 수 있는 최선을 다해도 세상은 제 뜻대로 움직여 주지 않았습니다.
하지만 내 모든 것을 거는 자세, 이것이 저를 성장하게 했습니다.

살면서 한 번쯤은 '적당히'가 아니라 '충분히'에 도전해 보십시오.
세상을 떠나며 "이만하면 됐다"고 말한 철학자 칸트처럼.

성장과 성공

아침잠을 포기하고 영어학원에 다녔는데,
주말도 잊은 채 열심히 일했는데,
자투리 시간에도 손에서 책을 놓지 않았는데,
그렇게 노력했는데도 성공은 다른 세상 얘기 같다고요?

괜찮습니다.
당신은 성공하지는 못했지만 성장했을 것입니다.
이제 곧 성장이 성공으로 바뀔 것입니다.

정말 위험한 것은 성장 없이 찾아온 성공입니다.

길에서 벗어나도 괜찮다

'문제가 없어서 오히려 문제인 사람, 문재인.'
누군가 저를 이렇게 표현한 적이 있습니다. 원칙주의자로 알려진 제 이미지 때문에 인생에서 일탈은커녕 잔 실수도 하지 않았을 것이라 오해하는 것이지요.

보기와 다르게 저는 문제아였습니다. 고등학교 때 술 담배를 배웠고, 친구들과 어울려 술을 마시다 정학을 당하기도 했습니다. 시험 답안을 친구들에게 보여주다 들켜 다시 정학을 당하기도 했습니다. 대학생 때는 학생시위로 제적되고, 통행금지를 어겨 구류를 살기도 했습니다.

물론 자랑스러운 기억은 아닙니다. 하지만 이런 경험이 다양한 생각, 다양한 세상을 받아들이는 감수성을 키워 주었습니다. 규칙에 어긋날까 너무 전전긍긍하지 마십시오. 안정적이고 규격화된 삶만 좇지 마십시오. 한 발짝 벗어나면 또 다른 세상이 보이고, 또 다른 내가 보입니다.

깨어 있는
시민

누군가를 욕하기 전에, 누군가를 맹목적으로 사랑하기 전에,

내 눈으로 보고 내 귀로 듣고 내 머리로 생각하십시오.

섣부른 결론 대신 지속적인 관찰을 하십시오.

스스로 관찰하지 않으면 남이 하는 말이 더 크게 들리기 마련입니다.

• • • • • •

정치와 당신과의 거리

정치와 당신과의 거리를 재 보십시오.

당신의 목소리가 정치에 닿을 정도로 가까운 거리라면, 머지않아 세상은 당신이 그리는 모습으로 바뀔 것입니다. 하지만 당신의 목소리가 정치에 닿을 수 없을 만큼 서로 멀리 떨어져 있다면, 세상은 당신이 그리는 모습과 정반대 방향으로 움직일 수도 있습니다.

조금만 가까워지십시오. 조금만 더 정치에 관심을 가져 주십시오. 정치를 욕하더라도 그 소리가 들릴 정도의 거리까지는 가야 하지 않겠습니까?

분노하라

모든 세대가 그렇습니다만, 지금 이 땅의 젊은이들도 아버지 세대에게 빚을 졌습니다. 우리 아버지, 어머니들은 땀으로 한강의 기적을 만들었고, 거리로 쏟아져 나와 최루탄에 맞서며 자유와 민주를 쟁취했습니다. 덕분에 세상은 조금 더 풍요로워졌고, 아들 딸들은 더 많은 자유를 누릴 수 있게 되었습니다.

하지만 그것으로 끝이 아닙니다. 여전히 해야 할 일이 있습니다. 이제 젊은이들이 싸워야 할 적은 가난이나 독재처럼 겉으로 명백히 드러나는 상대가 아닙니다. 풍요의 이면에 숨은 부조리와 부패, 자유의 탈을 쓴 불평등과 불공정입니다.

내 주위의 정당하지 못함에 분노할 줄 알아야 합니다. 그리고 그것을 성숙하게 표현할 수 있어야 합니다. 진정한 정치의식, 사회의식은 지금 이 순간 내가 몸담고 살아가고 있는 환경과 사회를 돌아보는 것에서 나옵니다. 쫄거나 주눅 들지 말고 분노를 표현하고 요구해야 합니다.

관행을 고치려면

수갑을 풀어 주십시오.
포승을 풀어 주십시오.
의자에 앉게 해 주십시오.

재판받는 피고인의 인권을 무시하는 관행에 대해 저는 이렇게 요구했습니다. 그리고 그 관행은 하나씩 고쳐졌습니다. 나쁜 관행, 불편한 관행은 시간이 가면 고쳐지는 게 아니라 누군가 목소리를 내야 고쳐집니다.
다음에 들려올 그 누군가의 목소리는 당신의 목소리였으면 좋겠습니다.

다산 정약용 선생

저는 다산 정약용 선생을 존경합니다. 다산은 성리학이 교조였던 시대에 그에 얽매이지 않고, 자유로운 정신으로 지식을 추구한 최고의 지성이었습니다.

저는 다산처럼 자유로운 정신을 꿈꿉니다. 얽매이지 않는 정신을 꿈꿉니다. 세상을 지배하는 권위에 그냥 무릎 꿇고 싶지 않습니다. 의심하고 도전하고 맞서 싸우고 싶습니다.

세상을 변화시키는 것은 위대한 한 사람이 아니라, 얽매이지 않는 정신이라 믿습니다.

아무도 흔들 수 없는 나라

"용광로에 불을 켜라 새나라의 심장에 철선을 뽑고 철근을 늘리고 철판을 펴자 시멘트와 철과 희망 위에 아무도 흔들 수 없는 새나라 세워가자"

해방 직후, 한 시인은 광복을 맞은 새 나라의 꿈을 이렇게 노래했습니다. '아무도 흔들 수 없는 새나라.' 외세의 침략과 지배에서 벗어난 신생독립국가가 가져야 할 당연한 꿈이었습니다.

임시정부가 '대한민국'이라는 국호와 함께 '민주공화국'을 선포한 지 100년이 되었습니다. 우리는 100년 동안 성찰했고 성숙해졌습니다. 이제 우리는 할 수 있습니다. "아무도 흔들 수 없는 나라"를 만들 수 있습니다. 남강 이승훈 선생의 말을 되새겨봅니다.

"나는 씨앗이 땅속에 들어가 무거운 흙을 들치고 올라올 때 제힘으로 들치지 남의 힘으로 올라오는 것을 본 일이 없다."

평화의 십자가

"로마의 평화를 지키는 것은 성벽이 아니라 시민의 마음"이라 했습니다.
한반도의 평화 역시 철조망이 아니라
우리 국민들의 마음에 있을 것입니다.
비무장지대 철조망을 녹여 만든 '평화의 십자가'를
로마에서 세계와 나눈 것은 매우 뜻깊은 일이었습니다.

참 근사한 일

음악을 듣는데도 체력이 필요하나 봅니다. 분명 젊은 시절 즐겨 듣던 음악인데, 나이가 드니 템포 빠른 음악을 들으면 몸에 힘이 들어갑니다. 자연스럽게 클래식이 편안해집니다. 음악과 작곡가를 연결 지으려 하지도 않고, 연주자나 제목을 맞추려 하지도 않고 그냥 틀어놓고 있는 것만으로도 마음에 위안이 됩니다.

내가 알지 못하는 저 먼 옛날의 누군가가 2012년의 나에게 위안을 준다는 것, 참 근사하지 않습니까? 시간과 공간을 초월하여 누군가에게 영향을 미친다는 것, 세상은 내 의지와 무관하게 촘촘한 교류가 이루어지고 있다는 사실, 참 신기한 일이기도 합니다.

내가 지금 하고 있는 일이백 년 후쯤에 핀란드 어느 마을에 사는 소녀에게 영향을 미칠 수도 있다고 생각해 보십시오. 우리가 하루하루를 함부로 살 수 없는 이유입니다.

박수 받을 자격

부산 선거 때 '써니'라는 음악에 맞춰 여럿이 율동을 한 적이 있습니다. 플래시몹이라는 새로운 선거 운동이었습니다. 하지만 저는 알아주는 몸치입니다. 춤을 못 춥니다. 자원봉사자들은 제가 연습하는 모습을 보며 한 박자 늦는 게 아니라 늘 두 박자씩 늦는다고 웃으며 흉을 보았습니다.

마침내 시민들 앞에서 율동을 처음 선보이는 날이 왔습니다. 망신을 당할 게 뻔했습니다. 연습을 한다고 했지만 여전히 음악과 제 몸을 일치시키는 건 불가능했습니다. 시민들 앞에 서기 한 시간 전쯤 저는 제 방에서 잠깐 쉬고 있었습니다. 자꾸 걱정이 되었습니다. 나 하나 때문에 춤판을 망치지 않을까. 이대로는 안 되겠다. 저는 방문을 잠그고 혼자 동작을 연습했습니다. 앞으로 뒤로 걷고 손가락을 위로 아래로 찌르는 단순한 동작이었지만 여전히 어려웠습니다. 결국 포기 상태로 방문을 열고 나왔습니다.

그런데 아뿔싸! 밖에 있던 자원봉사자들이 묘한 웃음을 짓고 있는 게 아닙니까. 들킨 것입니다. 그들은 제 방의 반투명 유리 위로 손가락이 삐죽삐죽 올라오는 것을 구경하고 있었던 것입니다. 얼굴이 화끈거렸지만 모른 척 길거리로 나갔습니다.

음악이 울려 퍼지고 제 차례가 되어 시민들 앞에 섰습니다. 역시 엉망이었습니다. 음악과 몸은 정확히 두 박자씩 엇나갔습니다. 그런데 시민들은 그런 제 동작에 더 큰 박수와 웃음을 보여 주셨습니다. 자신감이 생겼습니다. 더 신나게 몸을 움직였습니다. 결국 서툴러서 더 재미있는 우리의 플래시몹은 성공했습니다.

사람들은 잘하는 사람에게 박수를 치지만, 때로는 못하는 사람에게도 박수를 보냅니다. 못해도 최선을 다해 열심히 한다면 그것만으로도 충분히 박수 받을 자격이 있다고 생각합니다. 잊지 마십시오. 사람들은 당신이 최선을 다한다면 언제든 박수를 칠 준비가 되어 있다는 사실을.

꾸준한 사람

실력 있는 사람이 좋습니까?

책임감 강한 사람이 좋습니까?

추진력 있는 사람이 좋습니까?

소통 잘하는 사람이 좋습니까?

빈틈없는 사람이 좋습니까?

융통성 있는 사람이 좋습니까?

다 좋지만 그래도 저는

변함없이 꾸준한 사람이 좋습니다.

마음의 굳은살

사법고시를 앞두고 전남 대흥사에 들어가 공부를 했습니다. 매일 공부할 목표를 정해두고 이를 지켰습니다. 하지만 가끔은 멀리서 친구가 찾아와 밤새 술을 마시기도 했습니다. 집 생각에 마음이 뒤숭숭한 적도 한두 번이 아니었습니다. 그때마다 생각했습니다. 오늘 해야 할 일은 무슨 일이 있어도 마쳐야 한다고. 그때 제가 할 수 있는 일은 하루하루를 열심히 살아내는 것뿐이었습니다. 그렇게 책상 앞에 앉아 있는 동안 엉덩이와 허벅지에 굳은살이 박였습니다.

사법고시에 합격하고 사법연수원을 차석으로 수료했습니다. 사람들은 그런 저를 보고 머리가 좋다고 했습니다. 엉덩이와 허벅지에 굳은살이 박인 줄은 아무도 몰랐습니다. 당장이라도 절을 뛰쳐나가고 싶은 마음, 집으로 돌아가 가족과 살을 부비고 싶은 마음과 싸운 시간들은 몸이 아니라 마음에도 굳은살을 만들어 주었습니다.

누구나 꿈이 있고 목표가 있습니다. 누구나 열심히 노력하지만 또 누구나 지칠 때가 있습니다. 지쳐서 아무것도 하고 싶지 않은 순간, 이렇게 생각해 보십시오. 나는 지금 여리고 약한 내 마음에 한 겹 한 겹 굳은살을 만들고 있는 중이라고. 꿈과 목표를 이루게 하는 것은 타고난 재능이 아닙니다. 마음에 굳은살이 단단해질수록 꿈과의 거리도 가까워집니다.

오늘을 사는 법

데모.
구속.
제적.
군대.
낭인.

아버지가 돌아가시기 직전까지 아버지의 눈에 비쳤을 제 모습입니다. 어느 하나도 아버지를 편안하게 해 드리지 못했습니다. 불효의 연속이었습니다. 지금도 아버지를 생각하면 아쉬움과 죄송함이 진하게 밀려옵니다. 가난 속에서 어렵게 아들을 대학에 보냈는데, 아들은 아무것도 보여드리지 못한 것입니다. 아버지는 지금도 다섯 개의 모습 중 어느 하나로 저를 기억하고 계시겠지요. 더 이상 아버지에게 다른 모습을 보여 드릴 기회조차 없다는 것, 그것이 더 아픕니다.

오늘 하루를 살아내는 것이 너무 힘들다면, 지금 내 모습이 내가 사랑하는 사람이 기억할 내 마지막 모습이라고 생각해 보십시오. 어렵겠지만 표정도 바뀌고 행동도 바뀔 것입니다.

문재인과 고스톱

고스톱을 칠 줄 아느냐고요? 물론입니다. 칠 줄 압니다. 학생운동을 했고, 인권 변호사를 했고, 청와대 근무까지 한 사람이 화투짝이나 만지작거렸다니, 실망이라고요? 요즘도 명절에 식구들이 모이면 고스톱을 칩니다. 어머니와 마주 앉아 민화투를 칩니다.

그런데 왜 실망했을까요? 고스톱이 대단히 나쁜 오락이기 때문일까요? 그것은 당신이 머릿속에 미리 그려놓은 문재인의 모습에는 고스톱 치는 모습이 없었기 때문입니다. 당신은 누군가에게 들은 몇 마디로 문재인은 이런 사람이라고 결론을 내려 버렸기 때문입니다.

누군가를 욕하기 전에, 혹은 누군가를 맹목적으로 사랑하기 전에 내 눈으로 보고 내 귀로 듣고 내 머리로 생각하십시오. 섣부른 결론 대신 지속적인 관찰을 하십시오. 스스로 관심을 갖고 관찰하지 않으면 남이 하는 말이 더 크게 들리기 마련입니다.

부부 사이에 있어야 할 한 가지

부부 사이에는 신뢰도 있어야 하고,
배려도 있어야 하고,
책임도 있어야 하고,
존경도 있어야 하고,
사랑도 있어야 합니다.
그 중 맨 앞에 있어야 하는 것은 사랑입니다.
그리고 사랑보다 한 뼘 앞에 성실이 있어야 합니다.

문재인의 라이벌

나는 내 라이벌의 꿈을 훔쳐보며 내 욕망의 크기를 정합니다.

나는 내 라이벌이 흘린 땀을 고맙게 생각하며 내가 흘릴 땀의 양을 정합니다.

나는 내 라이벌의 관심이 이동하면 미련 없이 선택의 기준을 바꿉니다.

나는 내 라이벌이 한눈팔지 않는 것을 보며 내 자세를 가다듬습니다.

나는 내 라이벌이 행복할 때 나도 행복하다는 것을 압니다.

내 라이벌은 아내입니다.

가족에게 남기는 편지

특전사 공수부대는 점프가 필수입니다. 낙하산 하나에 목숨을 맡긴 채 비행기에서 뛰어내리는 훈련입니다. 처음엔 다들 하는 훈련이니까 크게 신경이 쓰이지도 걱정이 되지도 않았습니다. 그냥 하면 되지 뭐, 하고 생각했습니다.

그런데 첫 점프 전날 밤, 이게 장난이 아니라는 느낌을 받았습니다. 손톱과 머리카락을 내놓으라 하고 또 가족에게 편지를 쓰라고 하는 게 아닙니까. 죽을 수도 있다는 얘기였습니다. 실제 죽은 사람도 있었습니다. 가족에게 보내는 편지가 아니라, 가족에게 남기는 편지라는 말에 가슴이 뻥 뚫리는 느낌이었습니다.

우리는 극한의 순간에 가족을 떠올립니다. 돈도 아니고 일도 아니고 가족을 가장 먼저 떠올립니다. 하지만 평소에는 돈 때문에 또는 일 때문에 가족에게 소홀합니다. 지금 가족에게 남기는 마지막 편지를 쓰라고 하면 뭐라고 쓰시겠습니까? 그 편지에 어떤 후회와 아쉬움을 남기시겠습니까? 다행히 오늘 당장 그 편지를 쓰지 않아도 된다면, 편지에 적힐 후회와 아쉬움을 소금이라노 줄이는 일에 시간을 사용하십시오.

남이 보는 나

한 토론회에 나갔습니다. 저는 제 나름대로 조리 있게 이야기를 잘했다고 생각했습니다. 그런데 토론회가 끝나고 가까운 사람에게 이런 이야기를 들었습니다. 토론하는 도중에 '인제'라는 말을 서른 번도 넘게 했다고.

'그러니까 인제 우리 정치도 계파를 초월하여', '막상 인제 선거에 들어가면 수백만이 참여하는', '지금 인제 중국은 미국과 일본을 더한 것보다'…… 이렇게 시도 때도 없이 '인제'를 등장시켰다는 것입니다. 저는 '인제'라는 말을 자주 하는 제 말 습관을 알고는 있었지만 그렇게 많이 쓰는 줄은 몰랐습니다.

내가 보는 나보다 남이 보는 내가 더 정확할 수 있습니다. 그러니 가끔은 남의 말을 듣는 것이 좋습니다. 남의 시선을 의식하지 말라는 말은 귀까지 닫으라는 말이 아닙니다.

정말 못 버리겠더라

힐링캠프에 출연했을 때의 일입니다. 노무현 대통령의 유서 이야기가 나왔습니다. 순간 눈과 귀가 먹먹해져 진행자들이 어떤 질문을 하는지 잘 들리지 않았습니다. 저는 딱 하나의 대답밖에 할 수 없었습니다.

정말 못 버리겠더라.

아직도 그 유서는 지갑 속에 그대로 들어 있습니다. 유서를 볼 때마다 아프기도 하지만 그분과의 추억이 떠올라 혼자 쓸쓸한 미소를 짓기도 합니다.

누구에게나 버리지 못하는 것이 있습니다. 그것을 꼭 미련이라는 말로 표현할 필요는 없다고 생각합니다. 어쩌면 그것이 그 사람이 살아가는 이유일 수도 있습니다.

외로운 시간

잠들기 전
갑자기 외로움이 밀려올 때는
이렇게 생각해 보세요.
아침부터 외로웠던 사람도
있었을 거라고.

계산기를 두드리기 전에

평생을 함께할 동반자를 고를 때에도 이익과 손해를 따져보는 일이 당연시되고 있습니다. 혼테크라는 말이 새로 생길 정도입니다. 연인 사이뿐이 아닙니다. 사회 생활을 시작하면 학창 시절의 순수했던 친구 관계는 끝난다고 합니다. 한 번 보고 말 사람, 부탁할 게 많으니 자주 만나야 할 사람, 잘 지내면 손해는 없는 그저 그런 사람 등으로 친구를 분류해서 관계 설정을 한다고 합니다.

그런데 사람의 가치를 따지는 계산기는 어떻게 생겼을까요? 숫자 대신 사람 얼굴들이 가득 그려져 있을까요? 그런 계산기는 세상 어디에도 없습니다. 인간 관계에 있어서만큼은 계산기를 들지 말라는 뜻일 것입니다. 노무현 변호사를 처음 만났을 때, 제 손에도 노무현 변호사의 손에도 계산기는 들려 있지 않았습니다. 서로가 서로를 계산하지 않았기에 우리는 평생친구가 될 수 있었습니다.

깨어 있는 시민

깨어 있는 시민.

제가 좋아하는 말입니다. '사람이 먼저다'라는 슬로건이 나오기 전엔 이 여섯 글자를 사인으로 썼습니다. 정치는 나랑 먼 일이라 생각하지 말고, 시민으로 뜨겁게 정치에 참여하라는 뜻입니다.

'깨어 있는 시민'의 반대말은 '잠자는 시민'일 것입니다. 정치가 아무리 큰 소리로 떠들어도 쿨쿨 잠만 자는 사람이 바로 잠자는 시민일 것입니다. 잠자는 시민이 많을수록 세상은 고인 물처럼 앞으로 나아가지 못하고, 깨어 있는 시민이 많을수록 세상은 빠르게 앞으로 나아갈 것입니다.

깨어 있는 시민이 되십시오. 깨어 있는 시민이 되는 방법은 먼저 잠자는 나를 깨우고, 그 다음엔 내 곁에서 잠자는 가족, 친구, 친지들까지 모두 깨우는 것입니다.

우리가
만들어야 할 세상

새는 왼쪽과 오른쪽 날개로 납니다.

강물도 좌우로 굽이치며 바다로 나갑니다.

한쪽 날개로는 날아오를 수 없고

한 물길만 고집해서는 바다로 나아갈 수 없습니다.

· · · · · ·

오래된 미래에서 찾는 우리의 미래

오래된 미래의 고장, 히말라야 라다크를 지나며 생각했습니다.

오래된 미래를 천천히 만나며 생각했습니다.

우리는 지금 어디로 가고 있는가?

우리 모두가 가고자 하는 미래는 어디일까?

이렇게 쫓기듯 뛰고 또 뛰는 것이 과연 바른 길일까?

과도한 욕심이 우리 모두를 망가뜨리고 있는 것은 아닐까?

브레이크 없이 경사면을 내려가듯 우리 모두 어디론가 끝없이 추락하고 있는 것은 아닐까?

결론은 지금 우리의 모습에서는 미래를 찾기 어렵다는 것이었습니다. 어쩌면 우리 모두는 우리가 가야 할 미래의 모습을 알면서도 모른 척하고 있는 게 아닌가 하는 생각이 들었습니다. 오래된 미래에서 만나는 느림의 철학, 그것이 우리가 알고도 모르는 척하는 우리가 가야 할 미래의 모습 아닐까요?

20, 30대의 의무

대한민국 인구의 절반은 20대 또는 30대입니다. 이들 젊은이들이 힘을 모으면 무엇이든 할 수 있습니다. 하지만 불행하게도 지금 우리 사회는 이들의 목소리가 거의 반영되지 않고 있습니다. 젊은이들이 분노하지 않기 때문입니다. 분노만 하고 힘을 모으지 않기 때문입니다. 행동하지 않기 때문입니다.

투표하십시오. 그것이 세상을 바꾸는 가장 쉽고 빠른 방법입니다. 만약 투표만으로 해결되지 않는 문제가 있다면, 뜻이 같은 사람들이 모여 발언하고 요구하고 행동해야 합니다. 꼭 그렇게 하십시오. 대한민국은 민주주의 국가입니다. 국민이 주인인 나라입니다. 주인인 당신이 나서야 세상이 바뀝니다.

갈등 해소법

모든 사람의 의견이 일치할 수는 없습니다. 사람 사는 곳엔 늘 갈등이 있기 마련입니다. 그러니 갈등 없는 세상을 꿈꾸기보다 갈등을 잘 조정하고 봉합하는 세상을 만드는 것이 현실적일 것입니다.

갈등 해소에 특별한 방법이 있는 건 아니라고 생각합니다. 역시 대화입니다. 그냥 대화가 아니라 많이 들어주는 대화를 해야 합니다. 갈등 당사자의 이야기를 마음을 열고 끝까지 들어줘야 거기에서 해결책을 찾아낼 수 있습니다.

만약 끝까지 남김없이 들어줘도 해결책이 보이지 않으면 어떻게 해야 할까요? 처음부터 끝까지 한 번 더 들어줘야 합니다.

나는 불평합니다

사람을 알려면 그의 지갑과 쾌락과 불평을 보라는 탈무드의 지혜가 있습니다. 특히 불평을 보면 그 사람이 어떤 사람인지 선명하게 드러난다고 합니다.

나는 불평합니다. 보통 사람들의 삶이 너무 고달픈 현실을 불평합니다. 취업불안, 주거불안, 고용불안, 노후불안 등 불안을 이불처럼 덮고 자는 사람들의 현실을 불평합니다. 공평과 정의가 사라진 현실을 불평합니다. 사람보다 아파트, 자동차, 명함이 먼저인 현실을 불평합니다. 아이 낳기 어려운 현실을 불평하고, 아이 키우기 힘든 현실을 불평합니다.

내 불평이 나 혼자만의 불평이 아니라 모든 사람들의 불평이 되는 날, 불평에는 힘이 붙고 세상은 바뀔 것입니다. 그때까지 저는 끊임없이 불평을 늘어놓겠습니다.

소주 한잔 합니다

소주 한잔 합니다.

탈상이어서 한잔. 벌써 3년이어서 한잔.

지금도 친노라는 말이 풍기는 적의 때문에 한잔.

노무현재단 이사장 관두고 낯선 세상 들어가는 두려움에 한잔.

저에게 거는 기대의 무거움에 한잔.

그런 일들을 먼저 겪으며 외로웠을 그를 생각하며 한잔.

* 2012년 5월 23일 노무현 대통령 3주기를 마치고 그날 밤 트위터에 쓴 글입니다.

적을 대하는 태도

살면서 적 하나 만들지 않을 수는 없습니다.
문제는 적이 아니라 적을 대하는 나의 태도입니다.
설사 나와 생각이 다르더라도 왜 다른지,
그 사람의 입장에서 한번은 생각해 봐야 합니다.

새는 왼쪽과 오른쪽 날개로 납니다.
강물도 좌우로 굽이치며 바다로 나갑니다.
한쪽 날개로는 날아오를 수 없고
한 물길만 고집해서는 바다로 나아갈 수 없습니다.

가장 큰 적은 나만을 고집하는 나 자신 아닐까요?

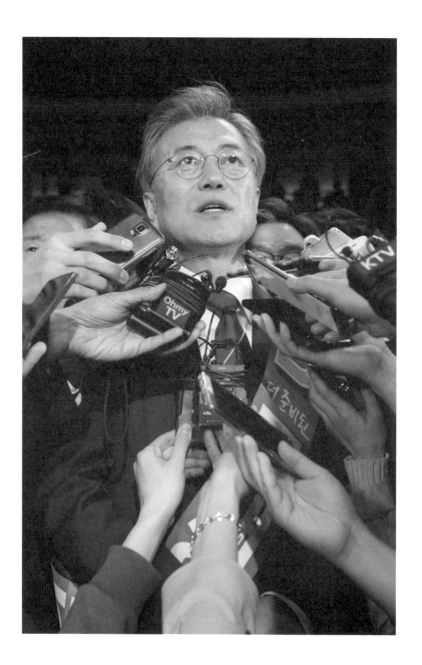

존재의 이유

나를 필요로 해 줘서 고맙습니다.
덕분에 나는 더 열심히 할 수 있었습니다.
나를 의심해 줘서 고맙습니다.
덕분에 나는 더 정직할 수 있었습니다.
나를 이해해 줘서 고맙습니다.
덕분에 나는 더 소신껏 일할 수 있었습니다.
나를 미워해 줘서 고맙습니다.
덕분에 나는 더 단단해질 수 있었습니다.

나를 좋아하는 사람도
나를 좋아하지 않는 사람도
모두 내게 유익이 됩니다.

이 세상에 필요하지 않은 사람은 없습니다.

선택에 대한 예의

선거는 좋은 사람을 뽑는 게 아니라고 합니다.

나쁜 사람을 낙선시키는 것이라고 합니다.

그러나 저는 단순히 덜 나쁜 사람이 될 생각은 없습니다.

정치인들이 유권자에게 지켜야 할 최소한의 예의는

차악과 차선 두 가지만 던져 주고 선택하라 하지 않고

최선이라는 선택도 할 수 있게 해 주는 것이라 생각합니다.

혼자 남는 법

정치에서 국민의 동의는 무척 중요합니다. 아무리 옳은 일일지라도 그
것이 국민의 동의를 얻지 못한다면, 권력의 힘으로 밀어붙여서는 안 된
다고 생각합니다. 학교나 직장에서도 마찬가지고 가정에서도 마찬가
지라 생각합니다.

여럿이 있을 때는 말 한마디를 하더라도 같이 있는 사람들의 동의를
얻어야 합니다. 물론 이런 말을 해도 좋은지 하나하나 물어보라는 얘기
는 아닙니다. 모두가 내 말에 관심이 있는지 잘 살펴야 한다는 뜻입니
다. 남의 관심과 관계없이 내 이야기만 하는 사람은 결국 혼자 이야기
하고 혼자 듣게 됩니다.

가르친다는 것

법대 다니던 때 유신헌법이 만들어졌습니다. 박정희 대통령의 영구집권을 꾀하던 법이었습니다. 이때 법학과의 한 교수님은 한 시간 내내 학생들과 눈길을 맞추지 못하고 허공만 바라보며 강의를 하셨습니다. 누구도 왜 그러시냐고 묻지 않았지만, 교수님의 시선이 어떤 의미인지 이해할 수 있었습니다.

가르친다는 것은 지식을 집어다 학생들의 손에 쥐어 주는 것만은 아닙니다. 선생님의 행동, 말투, 표정, 시선 모두가 가르침입니다. 가르치지 않고 가르치는 것이 더 큰 가르침입니다.

무한도전의 가르침

국민에게 가장 사랑받는 텔레비전 프로그램 중 하나가 무한도전입니다. MBC 파업이 장기화되자 무한도전 팬들은 토요일이 토요일 같지 않다고 했습니다. 청와대에 들어간 이후 지금까지 텔레비전을 제대로 본 적 없는 저는 왜 시청자들이 무한도전에 열광하는지 궁금했습니다. 그 답은 역시 우연히 본 무한도전 안에서 찾을 수 있었습니다.

그리 잘날 것도 없는 사람들이 별것 아닌 일에 목숨을 걸고, 열정을 다 바쳐 결국 해내고 마는 것. 서로 경쟁하는 모습을 보이다가도 결국에는 서로를 위하고 아끼며 힘을 합치는 것. 실패해서 울더라도 곧 다시 웃으며 다음 도전을 준비하는 것.

우연히 본 무한도전에서 저는 느꼈습니다. 국민이 진정으로 원하는 사람은 실패하지 않는 완벽한 사람이 아니라 실패하더라도 다시 도전하는 사람이라는 것을. 따뜻한 열정이 가득한 사람이라는 것을.

대한민국 방방곡곡에

저는 거제도에서 태어났습니다. 당시 거제도는 북에서 내려온 피난민들로 북적거렸고, 흥남에서 피난 온 우리 집도 그중 하나였습니다. 얼마 전 그곳을 다시 찾았습니다. 제가 태어났다는 집을 찾았습니다. 당시 우리 가족은 셋방살이를 했는데 어머니께서 저를 임신했을 때 주인집 아주머니도 임신을 하셨답니다. 한 집에서 두 아이를 출산하는 것을 금기시하던 때라 저는 다른 집에서 태어나야 했습니다.

제 탯줄을 끊어 주셨다는 할머니도 만났습니다. 제가 어릴 적 살던 방에도 들어가 봤습니다. 어렴풋이 기억이 났습니다. 그 방에서 이불 펴고 뒹굴던 꼬마 아이가 지금은 이렇게 반백발이 되었습니다. 방에 앉아 찬찬히 둘러보니 옛날과 크게 달라진 게 없었습니다. 60년 세월이 흘렀지만 그곳만은 세월이 비켜간 듯 그대로였습니다. 세상은 몰라보게 달라졌다는데 제가 태어난 곳은 여전히 가난의 티를 벗지 못하고 있었습니다.

우리나라는 수도권과 지방의 차이가 너무 심합니다. 대학도 수도권으로, 사람도 수도권으로, 기업도 수도권으로, 돈도 수도권으로 집중되는 현상이 좀처럼 개선되지 않고 있습니다. 정치란 이렇게 한쪽으로 과다하게 집중된 것을 바로잡아 주는 것이라 생각합니다. 서울과 지방이 균형 있게 발전하는 모습, 제가 가장 그리고 싶은 그림입니다.

착한 세상

이왕 마시는 커피, 아동 노동력을 착취하지 않고 공정한 가격에 거래 되는 커피면 더 좋겠지요.

이왕 입는 스웨터, 네팔 어느 마을 여성의 자활을 돕는 스웨터면 더 좋 겠지요.

이왕 먹는 두부, 농약 한 번 치지 않은 우리 콩으로 만든 두부면 더 좋 겠지요.

이왕 하는 세수, 이주여성들이 농장에서 재배한 천연허브로 만든 비누 로 하면 더 좋겠지요.

이왕 하는 소비, 모두가 이렇게 착한 생각으로 착한 소비를 한다면 세 상은 몰라보게 착해지겠지요.

문재인의 위로

초판 1쇄 펴낸 날 2022년 5월 10일
초판 2쇄 펴낸 날 2022년 5월 20일

펴 낸 이   장영재
펴 낸 곳   (주)미르북컴퍼니
자 회 사   더휴먼
전   화   02)3141-4421
팩   스   0505-333-4428
등   록   2012년 3월 16일(제313-2012-81호)
주   소   서울시 마포구 성미산로32길 12, 2층 (우 03983)
E-mail   sanhonjinju@naver.com
카   페   cafe.naver.com/mirbookcompany
인스타그램   www.instagram.com/mirbooks

* (주)미르북컴퍼니는 독자 여러분의 의견에 항상 귀 기울이고 있습니다.
* 파본은 책을 구입하신 서점에서 교환해 드립니다.
* 책값은 뒤표지에 있습니다.